それでも、幸せになれる

「価値大転換時代」の乗りこえ方

鎌田 實

清流出版

はじめに

コロナとの闘いが長期戦になってきました。第2波、第3波がやってくる可能性が高まっています。得体の知れない新型ウイルスの感染防止対策の外出自粛により、内科医の僕の目から見ると、「コロナ太り」が多くなり、高齢者を中心に「コロナフレイル（虚弱）」、さらには認知機能の低下が増えているようで心配しています。

「コロナ疲れ」に気をつけろ

それ以上に心配なのはコロナ疲れ、心の疲れです。

政府も専門家も、テレビのコメンテーターも、経済と命を天秤にかけて考えているように思えてなりません。でもそれだけでは不足です。本当は、「命」と「心」と「経済」、この三つのバランスを取ることが、長期戦の中では必要だと考えてきました。

一方で、クールな理性が必要です。2018年のインフルエンザの死亡者は

325名。この年の肺炎による死亡者は、約9万5000人です。新型コロナウイルスの日本人の死亡者が何人か、ご自分で確認してみてください。

命を第一に置くことは当然、でも恐れ過ぎないことです。ワクチン一発で世界の問題は解決しません。世界に行き渡るには時間が必要です。いまは慎重に生活をコントロールして、感染拡大を防ぐことです。必ずウイルスは弱毒化して風邪のウイルスのようになっていきます。まずは命を第一に、心と健康と経済、それぞれのバランスを考えながら対処していくことが大事なのです。

「時間の感覚」が変わりそう

健康の問題が噴出するだけではありません。首尾よくコロナに打ち勝ったとして、そこで大きな価値観の大転換が起こると、僕は考えています。これまでのあり方、考え方が、大きく転換すると。

最大のポイントは、僕たちの「時間の感覚」が変わることです。これまで日本人はなぜか、知らず知らずのうちに〝生き急いでいた〟ように思います。「時間を無駄にしてはいけない」と、いつも時間に縛られてきました。ミヒャエル・エンデの『モモ』の中に出てくる時間泥棒に時間を吸い取られるような生き方をしてきました。

でも、コロナによる自粛生活で、「そんなに慌てなくてもいいんだ」と気づき、〝時間感覚の変容〟が生まれつつあるように思います。人々は「ゆったりと生きる」ことの大切さに気づき始め、「そんなに急がなくてもいいんじゃないか」という意識をもち出したのです。

コロナを乗り越えた先、つまりビヨンドコロナの時代に、自粛期間中ほど〝ゆったり〟できるかどうかはわかりません。でも自粛前の〝せわしさ〟にそのまま戻ることはないでしょう。ＱＯＬ（クオリティ・オブ・ライフ）、生活の質を大事にするようになる。いつ死がやってくるかもわからない時代。自分の大切な時間を、時間泥棒に奪われたくないと考えるようになる。

僕たちの国の欠点だったワーク・ライフ・バランスの悪さが、見直されていく。一人ひとり積極的にそうし始めるように思います。

「モノ離れ」の加速

この意識は、毎日の過ごし方に変化を与えると同時に、「モノ離れ」を加速していきます。ファッションを例に取れば、外出が減り、お洒落して外で食事をする機会も少なくなり、小綺麗な洋服もさほど必要ではなくなりました。必然的に「もう買わなくてもいいや」と思うようになります。

もちろん、まったくいらないわけではありません。大事なものや必要なものは買います。買う回数が減った分、いままで買ったことのない高価な衣服を買う人も出てくるでしょう。それはそれでいいと思います。でもここで、「できればサスティナブル(持続可能性)なモノを買いたい」という意識が強くなってくると予想します。

「サスティナブル」とは、地球の自然環境に配慮した活動や製品、企業活動のこと。特にファッション業界は、ファストファッションの流行の影響もあり、衣類の年間消費量は年々増えて、それに合わせて一人当たりの洋服の廃棄量も増えていました。

ちなみに20年前に比べ、2倍もの洋服が廃棄されているという話もあります。また廃棄物の量もさることながら、衣服を作る過程で生じる汚染水や温室効果ガス、さらに毛や皮を使うために動物を大量に処分することなども問題視されています。

すると、少なくともこれまでのように企業の戦略に踊らされて、流行のファッションやグッズを買う傾向は影を潜めるでしょう。「自分の好みに合わせたサスティナブル」が、これからの主流になっていくはずです。

コロナと人類の四段階

ところで、新型コロナと社会の関係には四つの段階があります。一つめは、第1波を抑え込もうと新型コロナと闘っている状態「オンコロナ」。二つめは、第1波が終わったあとの「ウィズコロナ」。徐々に経済活動の抑制を緩めていきながら、やがて必ず来る第2波を極力小さくすることが重要です。

そして三つめは、ワクチンや治療薬が実用化し、新型コロナをおおむねコントロール下に置くことができる「アフターコロナ」。

最後に「ビヨンドコロナ」。つまり人類がコロナ禍《か》を完全に乗り越えた先の時代です。ここに至っては、いまの常識が必ずしも常識ではなく、人間、生活様式を含めていつしかいろいろなものが大きく変わっていると思います。
できれば、それがコロナ前よりもいい形に変わっていくことを願うばかりです。

「ゆったリズム」がビヨンドコロナの合言葉

「ゆったり生きる」という意識は、時間の感覚だけでなく、空間の感覚が変わるということです。「ゆったりできる場所に住もう」というように、住む場所にこだわる気持ちにも繋がっていくはずです。端的にいえば「脱都会」志向です。人と人の接触機会削減の必要から「リモート」が取り入れられた結果、都会から100キロ離れても生活できることに気づきました。週に1～2回しか会社に行かなくていいという時代になるのなら、景色がよくて空気が美味しく、水がきれいなところに住みたいと思うのは当然です。

「水道の水」が飲める誇り

水といえば飲み水も、いまは多くの人がペットボトルを愛用しています。僕自身も、長野の水は本来とても美味しいのに、「水道の水はどうも……」と敬遠していました。でも水道水にお茶のパックを入れて、冷蔵庫で冷やしておくようにしたら「ペットボトルの水やお茶はいらないな」と感じました。

「そんなこと言えるのは、長野という場所に住んでいるからでしょう?」と思われがちですが、「東京の水だって美味しい」と聞きます。世界を旅すると、日本は「生水が飲める稀有《けう》な国」だということがよくわかります。どこに行っても水道の水が飲めるというのが、外国人旅行者が日本を大好きになる要因の一つです。

言うまでもなく、ペットボトルはプラスチック製品です。今年の7月1日から買い物用のポリ袋が有料化されました。僕たちが使ったプラ製品が海に流れ、マイクロ(微小)プラスチックになって環境を汚染するだけでなく、魚がそれを食べたりして食物連鎖にも悪影響を及ぼすのです。

実はコロナ禍で、プラ製品の需要が増えました。もち帰り用の食品容器や使い捨ての弁当箱などが重宝されたからです。でもビヨンドコロナではもう一度原点に立ち返って、プラ製品を減らす気運がますます高まるでしょう。

「もったいない」の生き方が本気モードに入る

スーパーへの買い出しの回数も減ってくるでしょう。一時期、「もったいない」という言葉が流行《はや》りましたが、先日『もったいないキッチン』というドキュメンタリー映画を観ました。映画では、賞味期限切れの材料を集めて、とても美味しそうな料理を作っています。そこで僕は「賞味期限なんて、まったく気にすることはない」ということがわかりました。コロナ後は「もったいない」の意識がもっと強くなるのではと、期待しています。

「死」の自己決定が広がる

死に対する考え方も、コロナを超えながら変わっていくのでは、と予想しています。在宅ケアを受けている多くの高齢者に、万が一、新型コロナウイルスに感染した場合、「病院へ行きますか?」と訊くと、「できたら行きたくない」、そして人工呼吸器にも「できたらつながりたくない」ということでした。

日本人は死について考えることが苦手で、これまで明確に自己決定しないまま、人任せにしてしまうことが多々ありました。スウェーデンのように「トリアージ」というマニュアルで、例えば「80歳以上の人は人工呼吸器につなげない」などと決めるのは言語道断です。でも自分で決めるのなら、とてもいいことです。

在宅介護を受けて介護が必要な人が病院に行けば、病院にとっては、コロナウイルスの治療をしながら介護のサポートをしなければなりません。これはとても大変なことです。アメリカでは65歳以上の高齢者の場合、人工呼吸器につながっても97％は助かっていません。そういう現実を承知したうえで、自分の生き方や死に方を選択するのは、とてもいいことだと思います。

コロナを超えていきながら、コロナに打ち勝ったあと、コロナ以前に戻るのではなく、「自分の命は自分のものだ」という認識を強めていくことが、コロナ後の世界を豊かにしていくのではないかと思います。死に対して逃げずに、きちんと自分の考えをもち、発言できるようになるのは、とてもよいことです。

ジャストピース

また、〝ジャストピース〟が拡がるような気がします。辞書に載ってない言葉です。ジャストは正義とか公正という意味です。公正に基づいたピース、つまり平和。新型コロナウイルスの感染は公正さに欠けています。ニューヨークでは貧困層の多い地域で感染率・致死率が明らかに高くなっています。

格差を放置したことによって、ニューヨークではとんでもない感染爆発を起こしてしまいました。「貧しい人たちが感染して死んでいくのは仕方がない」と、富める人たちは思っていました。しかし、市内の一角に感染している人がいる限り、必ず爆発的に拡がっていくのです。そのことに、やっと気がつきました。

公正とか平等という概念が、もっと大事になると思います。それは今年、黒人への人種差別に対する大規模なデモがアメリカで拡がっていったように、目をつぶってきた「不平等過ぎること」などに対して、ジャストピースがすでに始まっています。

これは僕の考えです。コロナ後、時代はどう変わるのか、あなた流に考えてみてください。

本書は、前述したコロナと社会の四つの段階になぞらえて、四つの章を時系列に沿って並べてみました。

コロナによって価値が大転換していく中で、どうしたらそれに対処していけるか、そして変動する社会に負けない心をどう築くかを考えてみるための一冊です。ビヨンドコロナの新しい時代・社会の中で、一人ひとりがどう生きたらいいのかを考え、書き込んできました。

自分自身にも「どう生きたらいいのか？」と問いかけてみました。

新しい時代の中でチャレンジングな生き方を模索してみました。

人類は世界的な危機のたびに新しいものを生み出してきました。中世のペストがルネサンスをもたらすきっかけとなったように、ビヨンドコロナを、〝チャンスに溢れた時代〟〝新しい時代の幕開け〟と見ることもできるはずです。僕たちはそんな大転換時代の中で、どう幸福に生きられるのか……本書で考えていきます。

もくじ

第1章

On Corona

価値観が大転換する時代の始まり

第2章

With Corona

無常の世界は「なりたい自分」に変わるチャンス

第3章

After Corona

不透明な明日を切り開く生き方

第4章 Beyond Corona コロナを超えて「新しい人間」を目指す

編集協力――竹石 健（未来工房）
ブックデザイン・組版――松永大輔

第1章

On Corona

価値観が
大転換する
時代の始まり

価値大転換の時代がやってきた いまこそ「なりたい自分」に変わる好機

コロナの時代は、不眠症やうつ病が増えるのでは、と心配されています。しかし幸せホルモンといわれる「セロトニン」が正常に分泌されていれば、うつ症状も起こりにくくなります。でも、この幸せホルモンを伝達する遺伝子の影響で、日本人にはセロトニンが少ないといわれています。だから、あまり〝楽観的になれない〟民族だというのです。

農耕民族と騎馬民族、両方の長所を身につけよう

国別の行動傾向の調査では、「リスク回避」傾向が強い人は、日本人では7割ですが、韓国人は3割以下です。一般に「農耕民族は保守的で、騎馬民族は挑戦的」といわれ

ます。農耕民族の日本人より朝鮮半島の人たちのほうが、騎馬民族の血を受け継ぐ傾向が強いのかもしれません。

貯蓄率が高いのも日本人の特徴。『イソップ寓話』でいえば、「その日がよければいい」というキリギリスより、勤勉な蟻のような生き方が賞賛されます。

あるアメリカの友人から、「日本人はなぜ、あんなにポイント集めに夢中になるんだい？」と尋ねられました。アメリカ人は「その場でおまけがついたほうが喜ぶ」そうで、先のことはあまり考えない。でも日本人は「ポイントを貯めて、半年後に何か買おう」と考えるのです。

どっちがいいということではないのですが、ビヨンドコロナの時代には、さまざまな価値観が変わり始めるのではないかと思います。いままでのような農耕民族の発想だけでは生きづらくなってきそうです。

自粛要請が成功した理由

罰則規定がない自粛要請で、第1波を、まあまあうまく超えることができたのは、日本人に農耕民族的な発想がまだ残っているからと推測しています。それは日本社会特有の「同調圧力」が働いたからですが、実はこれ、農耕生活を送るうえでとても大切です。「隣の家で田植えを始めたので、うちもやるか」という具合に、なんとなく周りの空気を読んで生活してきました。土にくっついて生活する社会では、田んぼの水が平等に分配されるように、不満が出ないように、村の中に上手な運営システムが作られていくものです。ところが騎馬民族の人たちに、自粛要請だけで家の中に閉じこもってもらうのはとても難しい。ですからアメリカやヨーロッパでは「ロックダウン」を実施せざるをえませんでした。

価値観を少し変えてみる

コロナを超えたときに日本がもう一度元気になっていくためには、農耕民族的なよいところを残しながらも、騎馬民族的な猪突猛進の姿勢も必要になってくると思います。僕自身は農耕民族的な要素は3割くらい、騎馬民族的要素が7割と、そんな自己分析をしていますが、これからは騎馬民族的要素を1割アップして、8割にして生きていこうと考えています。

間違いなくビヨンドコロナは、価値大転換の時代になるはずです。本質的なところはそう変わらなくてもいいのですが、コロナの前の価値観に戻るのではなく、わずかでもいいから、自分の中でモデルチェンジをすることを勧めます。

オンコロナやウィズコロナで、とんでもない不安の中、僕たちは生き抜きました。ヒヤヒヤもイライラも十分過ぎるほど感じ続けました。これからは思い切って、おもしろく生きることが大事なのだと思います。

蟻さんから「キリギリス」に変わる

僕が名誉院長を務める長野県の茅野市にある諏訪中央病院。そこに入院してきた末期がんの患者さんがいました。

ずっと農業で生活をしてきて、新しい作物に挑戦したりして、とても研究熱心で前向きな人でした。新しいもの好きで、農機具の新製品が出るとすぐに買いたくなる。肥料や種にもこだわり、そのおかげで自慢の野菜が収穫できていました。

でも、あるとき気がついたのです。働いても、働いても、生活は楽にならない。農協の借金は増えていくばかり……強いプレッシャーに苦しめられたそうです。「こんな生き方でいいのかな、畑にしがみついているだけで、まるで死んでいるみたいだ。なんの喜びがあるんだろう」と、疑問に感じ始めたのです。

新しい農機具の購入をやめました。肥料も減らしました。しかしそれでも農業ができることに驚いたのです。雑草を退治するために農薬も使っていましたが、それもやめました。収穫は少し減りましたが、プレッシャーとは無縁の生き方ができるようになって、自分らしさが戻ってきたような感じがしたそうです。

その人流の「ニューノーマル」

浮いたお金で海外旅行に出かけるようにしました。「ずっと同じ土地にへばりついてきたから、もっと自由な世界が見たい」と思ったのです。

蟻さんからキリギリスさんに１００％変わったのではなく、蟻さん的な考え方を20％減らすことで、バランスを整えたのでしょう。

ヨーロッパやアメリカにも行きましたが、言葉はチンプンカンプンでも、身振り手振りで意思を通わせ、誰とでも友達になれる人でした。彼はアジアやアフリカ、中東を好みました、みんなが行かないところに行ってみようと思ったのです。

緩和ケア病棟の彼の枕元にあるCDプレイヤーからは、いつもインドの音楽が流れてきました。好きな音楽を聴きながら、見舞いに来た友達に自分が見てきた世界のことを話していました。ベッドの周りにはたくさんの思い出の写真が溢れていました。周囲に痛みや苦しみを感じさせることもなく、彼は穏やかに亡くなりました。家に帰る着替えは、娘さんが看護師さんに協力してもらって、ハワイで買ってきたとっても派手なアロハシャツ。彼らしいなと思いました。まさしく新たな旅への出発です。

「なんでもあり」の時代が来ている

オンコロナのときに、世界中でたくさんの肺炎による死がありました。人間の力ではどうにもならないこともあります。そのことも学びました。

人間はいつか死にます。でも死に急ぐ必要はありません。とてもいい兆候も出ています。自粛要請が出ている精神的に厳しいときに自殺者が顕著に減っているのです。どうすることもできないことに恐れをなして、足をすくませていてはいけないのです。毅然と立って、なにがあってもへいっちゃら、なるようにしかならないと、僕は考えるようになりました。

価値大転換時代に、あなた自身どんな生き方をしようか、一度、考えてみてください。けっこう楽しく生きる道もあることに気づくでしょう。

アフターコロナは、なんでもあり。そう僕は思っています。

「不確実な時代」は急がずにゆっくり立ち直っていけばいいのです

作家のミヒャエル・エンデはかつて、南米アンデスを旅したとき、屈強なポーターたちが荷をおろして歩くのをやめてしまったエピソードを記しています。

「なぜだ?」と聞くと、ポーターたちはこう答えました。

「急ぎ過ぎた。自分たちの魂が追い付いてこない。しばらく魂が追い付くのを待とう」

魂が追い付き、心が立ち直るには時間が必要なのです。

僕の魂が消えた

沖縄に行ったとき、僕の魂が一度、消えたことがあります。

ちょっとした主催者の車の事故でした。でも、それで沖縄の優しさを勉強することができました。

沖縄では、予期せぬ出来事に驚くと魂が抜け出てしまうと考えられてきました。ひどく驚くことを「タマゲル」といいます。「魂が消える」という意味です。そんなときは「マブイグミ」の儀式をして魂を呼び戻します。例えば子どもが驚いたとき、子どもの胸に手を当てて魂を呼び戻すのです。

酒や花を供えたり、霊能者であるユタが唱えたりすることもあるようです。「魂を呼び戻す」風習がいまも残っているなんて、ちょっとおもしろいです。困っている人、悲しんでいる人、びっくりしている人を一人にしないという豊かな関係作りなのです。

家族を失って悲嘆に暮れている人がいると、親戚や友達が大勢集まって一緒に泣き、「つらいなあ」と慰める。すると立ち直りが早くなります。

いまウィズコロナで寂しさが溢れています。「動けない」「会えない」「抱き締められない」……さらに、「友達に会いに行きたい」「好きな人に抱き締めてもらいたい」そんな思いを抱く人も多いでしょう。

つらい状況の中で魂が消えたり、魂を落っことしたりしている人も多いように思います。たった一人でもいい。悲しみを分かち合ってくれる人がいれば、残された自分が強い絆で守られていることを知ることができます。すると、再び立ち上がる意欲が湧いてくるはずです。

新しい価値観が生まれる

ビヨンドコロナで大転換が起きると考えて、この本を書いています。その一つに、「時間の感覚の変化」があるのではないかと思います。

これまでみんな、急いで生きてきました。自粛要請の中で、ゆっくりする生活リズムを経験したことは大きかったはずです。

もう一つは、「物から心の時代」への大転換が起きるのではないかということです。人々がスピリチュアルなことに、より興味をもち始めるのではないでしょうか。リモートワークや、リモート授業、リモート外来などだけではなく、見えない時間や魂などへの感覚が変わっていくのではないか……。

環境を悪化させないグローバル化

人間という生き物は、進歩と前進が大好き。結果としてグローバル化を起こしていきます。14世紀から16世紀にかけて拡がったペストによるパンデミックも、モンゴル帝国が中国からユーラシア大陸まで侵略し、同時に幅広い交易を行ったことがきっかけでした。このときに中国にいたペスト菌を保有するノミやネズミが運ばれてしまったといわれています。

パンデミックが起き、それが終わったあと、さらにグローバル化は拡大しているという事実を忘れてはいけません。新型コロナがこれほど猛威をふるったのはグローバル化の影響ですが、スペイン風邪のあとも、やはりグローバル化が進行しています。注意しなければいけないのは、グローバル化に伴う地球環境の悪化と格差の問題です。格差のある社会がパンデミックに弱いことははっきりしています。

グローバル化の欠点は、格差を助長することです。格差を最小限にしながら、グローバル化を推進していく必要があるでしょう。

またここ数年、日本各地に50年に一度などという水害が、毎年のように起きています。2020年も熊本で水害が起き、さだまさしさんとやっている「風に立つライオン基金」で4000万円の募金を集め、コロナ対策と被災地支援に取り組んでいます。線状降水帯が長期間次々にやってきて大水害を起こしています。温暖化によって太平洋が暖められ、雨雲が発生しやすくなっているからといわれています。なんとか温暖化を止めなければなりません。

オンコロナの間、二酸化炭素の発生は7％減少したといわれています。この機を逃さないことです。コロナを超えていきながら、もとに戻るのではなく「グリーンリカバリー」で緑を作って、森や林を壊さない動きが出てくると予想しています。森や林の中に生きる動物の中に、未知の新しいウイルスをもつ動物がいることを忘れてはいけません。

グリーンニューディール

また「グリーンニューディール」も重要です。世界が大恐慌にならないために、ニューディールといいながら、お金がジャブジャブ使われます。でも無駄に使うのではなく、グリーンニューディールで、地球を保護するために資金が投入され、それによって経済が回るというのが正しいあり方のように思います。

日本は経済の立て直しが必要です。しかし現状はどうでしょう。２０２０年6月にスイスのビジネススクールＩＭＤの「世界競争力ランキング」が発表されました。日本は34位、過去最悪です。生産性も効率性もインフラも政府の効率も、すべて最悪であることを受け止めなければなりません。

今回、コロナのパンデミックが起きたとき、すぐにＰＣＲ検査対応ができなかった。これも競争力ランキングが下がっていることを如実に表している一つの現象のように思います。労働生産性のランキングでは21位（２０１８年）です。Ｇ７で最下位。民主主義指数で見てみると「市民的自由が守られているかどうか」や、「政治参加がされているかどうか」が不十分で投票率も低く、ランキングは24位（２０１９年）でした。僕たちの国の土台は、かなり危ないところにきている、ということに気づかされました。

しかし、いまはチャンスです。経済を刺激するためにお金が使えるのです。政治家や経済を引っ張っていくリーダーたちはもっと発想を変えなければいけません。同時に僕たち自身がリテラシー（理解・解釈し活用する能力）を上げて、選挙できちんと投票したり、「ニューノーマル」の生活や意識改革をしていく必要があると思います。

政府は老朽化した火力発電所を、時間をかけて閉鎖することに決めました。日本にとっては画期的。いままではなかなかこういうことを決めることができなかったが、少しずつ日本も変わり出そうとしている。とても大事なことです。

このまま温暖化が進めば永久凍土が融け出し、そこに閉じ込められていた未知のウイルスが解き放たれて、世界は再びウイルスの攻撃にさらされるようになっていきます。アフターコロナは地球に生きるすべての生物が生活する場を守るためにも、グローバル化を暴走させないことを重要視していくようになるでしょう。

ミヒャエル・エンデのエピソードの言葉を、ビヨンドコロナの時代にいま一度、噛み締めたいものです。「急ぎ過ぎた。魂が追い付くのを待とう」。

魂の時代がゆっくり、ゆっくり、近づいています。

見えない免疫力を鍛え
自分流の「ニューノーマル」な生活を作ろう

新型コロナウイルスのパンデミックで、社会の在り方も大きな変化を強いられています。コロナとの共存を前提にした、働き方や暮らし方とはなんなのか、この経験の中から一つ一つ積み上げていくことが大事だと思います。「ビヨンドコロナ」を意識したパラダイムシフトはすでに始まっています。

新型コロナの三つの段階

都市封鎖をして感染爆発を抑えた中国。都市封鎖はしなかったものの、初期の素早い対応で感染の封じ込めに成功した台湾。ＰＣＲ検査をできるだけ多く実施し、無症状の感染者も隔離することでほぼコントロール下に置いた韓国。いずれも感染の第

1波を見事に抑え込みました。

日本は、独特な方針をとってきました。新しい生活様式のフィジカルディスタンスを守る長丁場になると思われます。

アフターコロナの段階に至るまでには、2、3年かかるという専門家もいます。しかし、これには科学的根拠がありません。おそらく、20世紀初頭にパンデミックを起こしたスペイン風邪が終息まで足掛け3年で、2年目のほうが死亡者は多かったということと、6~7割の人が抗体をもたないと収まらないという集団免疫理論の考え方からきているのだと思います。

コロナウイルスの一種、SARSは半年で終息しています。スペイン風邪の頃とは、栄養や衛生、治療法など格段に違っています。今回ももっと早く勝利宣言できればと期待しています。

ビヨンドコロナを意識して

オンコロナ、ウィズコロナ、アフターコロナ、この三つの段階を経て、社会の在り方や価値観は大きく変わると思われます。それに伴って、個人としての生き方はどう変わるのか、ビジネスはどう変化していくのかを考えることが大事だと思っています。
例えば、コロナ感染症での初期には、マスクやガウン、PCR検査キット、人工呼吸器、体外式膜型人工肺（ECMO《エクモ》）など、命を守るものが手に入らないことの危機感を日本中が感じました。これを機に、生産体制やサプライチェーンの見直しが求められているはずです。少しでも安い生産費や効率を目指して、中国などに展開してきた部品作りなども、一部は国内回帰してくると思います。業種にもよりますが、企業はしばらく厳しい状態が続くでしょう。

前述したように、14世紀、中国からユーラシア大陸にかけて、経済的な繋がりが密になっていきました。いまでいう「グローバリズム」の始まりです。同時にその頃、ペスト菌が蔓延します。繰り返し波が続き経済は疲弊していきます。しかしその間に農奴の解放なども行われ、構造的変化が起こって封建時代は終わりを迎えていきます。そしてルネサンスが生まれ、経済も文化も大きく変わっていきました。

この新型コロナウイルスによっても、間違いなく一人ひとりの世界観が転換していく。どんな時代がやってくるのかを予測しておくことが大事です。必ず時代は変わり、おもしろい時代がやってくる……そう読んでおくことが重要になってきます。

自然免疫を高める習慣

将来のビヨンドコロナを意識しながらも、新型コロナと闘っている間は、免疫を高めておくことが大切です。

免疫には二つのタイプがあります。

一つは獲得免疫というもの。感染すると体の中で抗体が作られます。感染しなくても、ワクチン接種によって抗体を作り、ウイルスと闘う準備ができます。獲得免疫は新型コロナウイルスに限らず、普通の風邪やインフルエンザなどさまざまなウイルスなどに感染した経験によって得てきたものです。

もう一つは自然免疫です。こちらは獲得免疫ほど闘う力は強くありませんが、異物の侵入を防ぐ働きをしています。ワクチンが開発されるまでは武器になるので、少しでも高めておきたいものです。ウイルスが１００とか１０００とか侵入しても感染しないのは、この自然免疫のおかげです。１００万個くらいが体に入らないとほぼ感染しません。だから手洗い、換気、マスクが必要なのです。

自然免疫を高めるには、血液やリンパの流れをよくすることが大事です。そのために僕は一日の生活リズムを整えたり、体を温めたりしています。

毎朝、起きると太陽の光を浴び、スクワットなどの軽い運動をしています。また、夜はゆっくりと湯船に浸かり、体を温めます。免疫の中枢は腸です。だから腸によいものをたくさん食べるように心がけています。発酵食品と野菜です。

コロナは後遺症があるかも

自然免疫が活性化されると、獲得免疫の中にある「ヘルパーTリンパ球」にさらにいい刺激を与えます。ヘルパーTリンパ球は「キラーTリンパ球」という獲得免疫にさらに刺激を与え、ウイルスを排除する働きをしてくれます。さらにヘルパー

Tリンパ球は、「Bリンパ球」に働きかけて、抗体を作るように命じます。新型コロナウイルスは厄介なウイルスで、抗体ができてもすぐに消失するのではないか、という意見もあります。たとえそうだとしても、獲得免疫の中のヘルパーTリンパ球やキラーTリンパ球も免疫記憶をもっています。一回感染すると、そのウイルスが再び体に入ってきたとき、この二つのリンパ球が、抗体がなくても戦ってくれるのです。

日本人に感染者の数が少なく、死亡者の数が少ないのも、以前にほかのコロナウイルスにより感染を起こしていた経験が免疫細胞の中に記憶されているためという学者もいます。BCGによる免疫の刺激が新型コロナウイルスに有効であるからという説もあります。いずれにしても、自然免疫がしっかりしているとある程度感染を防ぐことができ、仮に感染しても獲得免疫が働きやすくなります。さらに早く抗体もできて重症化を防ぐことができるのです。

新型コロナは厄介なウイルスです。かかっても8割は軽症。しかもなんと、最後までかかったことすらわからない「無症候性感染」が5%あることがわかっています。その反面、5%は重篤化し、集中治療室に入り人工呼吸器につなげられたり、命を奪われることもあります。ウイルスは突然変異していきます。この比率も変わっていきます。重症化率が0・5％から0・1％以下になると医療崩壊を防げるかもしれません。いずれ風邪ウイルスくらいに弱毒化するときが来るはずです。

厄介なことは、イタリアの論文で発表された「中等症以上に病気が進んだ人は、命が助かったとしても3割に後遺症が残るのではないか」という推測です。「肺線維症」という病気が残ったり、血管に血栓が作られたりします。将来、脳梗塞や心筋梗塞の原因になる可能性があるのです。

だから、できるだけかからないようにすることが大事です。若いから大丈夫なんて思ってはいけないのです。かかっても自然免疫を高め、自然免疫から獲得免疫に刺激を与え、早く抗体を作り、「サイトカインストーム」によって全身の炎症が起きる前に、治してしまうことが大事なのです。

アクセルとブレーキ

「サイトカイン」とは、細胞から放出され、がんや病原体と闘ううえで欠かせないものですが、これには2種類あって、一方が炎症を引き起こし、他方がそれを抑えるという〝アクセルとブレーキ〟の関係になっています。

通常はこの二つのバランスが取れていて、不都合が起きないように制御されているのですが、時として、このアクセルとブレーキのバランスが崩れることがあります。これが「サイトカインストーム」です。

新型コロナウイルスでは、ある段階で快方に向かうケースと、急速に重症化するケースに分かれるということですが、サイトカインストームはこれに大きく関わっているといわれています。ですから僕は毎日、自然免疫が少しでも高まるような生活を心がけています。ウィズコロナのいま、自然免疫を高める「ニューノーマル」生活を心がけてみてください。

新しい日常は、リモートワークとかリモート医療とかリモート外来だけでなく、自然免疫を高めるような生活も、新しい生活スタイルになるはずです。

感染爆発の中で「自由」を守り「分断」から「融合」へ大転換

昨年12月、中国の武漢で未知のウイルスが拡がり始めたとき、中国がきちんと対処していれば、こんなことにはならなかったのではないか。中国共産党が隠ぺいした責任は大きい、と僕は勝手に考えています。その後の都市封鎖で感染爆発の第1波を抑え込んだのは中国共産党の力によるものと評価が変わりましたが、中国共産党は、どうも好きになれません。

一強は感染症に弱い

トランプ大統領は、ずっと楽観的なツイートをしており、ほとんど対策を講じませんでした。その結果、アメリカでは世界一の感染爆発が起こってしまいました。

一強というシステムが判断を誤ったとき、とんでもなく危険ということを実感しました。自由主義でも一強というシステムは脆《もろ》いということがわかりました。

一部の大衆に迎合するポピュリズムは、世界や国家を分断します。

トランプの選挙戦略はまさに分断です。〝岩盤支持者〟が喜ぶ政策を出し続けますが、これでは国がギスギスしてしまうだけ。コロナと闘っていくには、国民の融合がなにより大切なのです。ブラジルも感染者を急激に増大させました。ボルソナロ大統領が経済優先を考え、各地の市長や州知事たちが行動制限をしようとしても、ボルソナロは「経済のほうが大事、風邪と同じだ」「死者が多くなっても、それがどうした」と一向に気にもかけませんでした。そして、彼に異を唱える専門家は第一線から外されました。誰の言葉にも耳を傾けなくなっていったのです。

信頼できる政府になってほしい

一方で僕たちの国は感染を食い止めるために、一時的ではあれ人の自由を制限し、管理することの有効性も体験しました。この先、新型コロナやその次の未知のウイルスに勝つためには、自由を制限した強権的な社会を築いたほうがいいのか、という危うい問いにも直面しています。『サピエンス全史』の著者で歴史家のユヴァル・ノア・ハラリは、新型コロナ後の世界は、「全体主義的な監視社会か、市民のエンパワーメント（支援）か。国家主義的な孤立か世界的な連携か」という問いかけをしています。

もちろん全体主義も監視社会も嫌い。貿易立国の日本が生きていくためには、国家主義的な孤立があっていいわけがないのです。スマホを使った感染症予防のための行動アプリなど、プライバシーがきちんと守られるという前提で、どこまで国民が理解して賛同するか。そのためには、政府がプライバシーを守ってくれるかどうか、信頼できるかどうかが大事な分かれ目になるように思います。

その一方で、グローバリズムが暴走し過ぎて格差社会が生まれたので、コロナ後には、行き過ぎたグローバリズムを反省する必要があるはずです。

コロナ時代に必要な「優しさ」

イギリスの99歳の退役陸軍大尉が、家の周りを歩行器で１００周する挑戦を宣言し、新型コロナの治療に当たる医師や看護師らを支援しようとクラウドファンディングで募金を呼びかけました。彼はそれをやり遂げ、なんと27億円もの募金が集まったといいます。

もうすぐ100歳の人が歩行器を押しながら黙々と歩いている姿は、とてもかっこいいです。そして、この男性の挑戦に拍手を送り、寄付をし、自分たちを守ってくれる病院に敬意を示す市民の姿を思い浮かべ、とてもうれしくなりました。

日本でも、山梨県に住む女子中学生がマスク612枚を手作りし、「少しでも感染予防に役立てば」と同県に寄付したことが話題になりました。材料の費用は、彼女のお年玉から出したといいます。現在の状況に直面し、自分にできることはなにかを考え、行動に移しそれをやり遂げる。大人でもなかなかできることではありません。

未知なるウイルスと闘い、ワクチンを早期に作るためには世界の連携システムが必要です。「分断」「自国第一主義」「自分ファースト」から「連携」「協調主義」「他者への共感」へ、ビヨンドコロナを意識しながら意識改革をしていく必要があるように思います。

へこんでもいい
悩むだけ悩んでもいい

生きていると、誰しも壁にぶつかる。順風満帆のまま生涯を終える人は多くありません。でも、人はみな逆境に苦しむからこそ、ようやく見えてきた光が、前にも増して明るく感じられるのでしょう。

過去は疑え、未来は信じよう

壁でも逆風でも、諦めなければ、いつか、壁の向こうに出られたり、風がやんで、追い風になったりするはずです……。コロナの壁がどんなに厚くても、必ず僕らは壁を越えていけます。

いまが大切なのです。過去は終わったこと。大変だったにせよ、大変でなかったにせよ、壁も逆風も関係ありません。いまさら影響を及ぼすこともありません。だから大事なのは、いまを精一杯生きること。

いまこの瞬間をどう生きるか。それが、未来に繋がっていく。未来は、いまはまだなにも起きていない、これから起きることです。それなら、いまをどう生きるかによって、未来はどうにでも変えられるはず……なのです。

挫折しない男

北里柴三郎は軍人になりたかったのですが、両親が熊本の医学校に進学させました。そこで顕微鏡で見る世界がおもしろくなった。ドイツに留学し、破傷風菌の純粋培養に成功。世界の有名大学からオファーが来ましたが、国費留学生なので帰国しなければなりません。日本に帰ると、母校・東大で権力をもっていた教授とぶつかります。また、柴三郎が伝染病の研究をしようとすると、「病人を治すことのほうが大事」と抵抗されました。福沢諭吉が柴三郎に手を差し伸べ、伝染病研究所を作ります。ここでジフテリアの血清の製造に成功。ドイツのベーリングと共著の論文を出しましたが、共同研究者のベーリングだけが受賞、ノーベル賞は柴三郎には来なかった。でも、柴三郎は挫折しない男です。何度も世界の人口を激減させてきた伝染病のペスト菌を発見しました。

国は、柴三郎の研究所を内務省から文部省に移管し、再び東大医学部の管轄とします。柴三郎はまた自分の城を奪われたのです。福沢諭吉はすでに亡くなっていましたが、これを見越して柴三郎にお金を用意していたといいます。

いまの北里大学の前身・北里研究所が作られます。柴三郎は福沢諭吉へのお礼を込めて、彼が作った慶應義塾大学に医学部を作り、初代学部長になります。日本医師会を創設し、テルモを作って家庭でも体温を測定できるようにし、世界でも実施されていなかった予防医学に目を向けました。重なる困難の中でもへこまない男でした。

へこんでもいい

逆境の乗り越え方は、さまざまです。僕は「がんばらない」「悩まない」「力まない」「へこまない」などと自分に言い聞かせながら、生きる傾向がありました。でも、これからの世界を生きるには、本当にそれでいいのか、迷い始めています。

ビヨンドコロナを想定してこの本を書いています。コロナを超えていくためには、いままでと違っていなければと、考えるようになってきました。悩まない、力まない、へこまないなどは、上品でカッコつけ過ぎと思ったのです。もっとワイルドでいいと考え直しました。

生き抜くためには、いろんな札《ふだ》をもっていることが大事。そこでカマタのビヨンドコロナの「隠し札」をお見せしましょう。時には、これが切り札になることもあります。いままで使わない札だからこそ、力があるのです。ジョーカーになれる札です。

脱出法のヒントは、ちょっとしたところにあります。心が折れそうになったときは、まず「悩むだけ悩め」「時には力め」「へこんでもいい」の三つの言葉を自分に言い聞かせて、自分の気持ちを自由に解き放つようにしました。

「がんばらない」も大事だけれど、アフターコロナのこれからは、力んで、もっと自分を解き放って生きることも大切だと思っています。

「不寛容」の空気をなくしたい
自分と他者の間にある「弱さ」に目を配ってみる

新型コロナウイルスは、私たちの「なんでもない毎日」を「予期せぬ日常」に変えてしまいました。長引いた外出自粛、「ステイホーム」の結果、人々の〝間〟が分断され、社会に「不寛容」な空気がはびこりました。

例えば、緊急事態宣言が出る前後、東京の銀座や渋谷は人の姿が閑散としているのに比べ、品川区の戸越銀座商店街には、たくさんの買い物客の姿がありました。するとテレビを見た人から、「休業要請のはずなのに、なんであそこは営業しているんだ」などとバッシングが殺到。「食料品・生活必需品は自粛の対象外」なのです。「毎日の食材を提供しているだけなのに……」と、地元の商店主は当惑顔でした。

自分の自由が抑制された不満が、そこに向かったのです。「自分はこんなに我慢しているのに、許せない！」という感情でしょう。

根拠のないデマは、不安の裏返し？

もちろん、他人に対する「不寛容」の空気は新型コロナの前からありました。ちょっとでも自分と考え方が違ったり、宗教が違ったり、肌の色が違うと、それを認めることができず、バッシングが起きました。特にインターネットやＳＮＳという〝武器〟を手に入れてからは、ますますその傾向が強まりました。

人々が新型コロナの感染を恐れているいまも、これと同じ状況にあります。インターネットやＳＮＳによって、不確定な情報が広まり、デマが流されてしまうのです。

東京在住の男子学生が故郷に戻って、そこで陽性が確認される出来事がありました。すると誰かが、彼が友人と立ち寄った「店」について根拠のない情報を発信し、それがあっという間にネット上をかけ巡りました。陽性患者が寄った店として、〝感染源〟の烙印が押されてしまったのです。

また、別の書き込みによって、本人の氏名や実家のある地域が暴露されてしまいました。するとその実家に「コロナなのに、なぜ帰ってきたんだ！」と詰問する電話や、嫌がらせの無言電話が相次いだそうです。怖い世界です。

こんな悪意に満ちた投稿は論外ですが、その一方で、「よかれ」と思ってネットにアップした情報も〝炎上〟しました。

噂を信じて忠告してあげようと、「マスクと一緒にトイレットペーパーもなくなるみたいですよ」と投稿した人に対し、その情報が間違いだとわかった途端に、「社会を混乱させた責任を取れ」といった具合の脅迫めいた投稿が押し寄せてきたそうです。

真偽をよく確かめないまま投稿したほうが悪いに決まっています。その通りですが、どういう手段で調べたのか、その人の氏名や連絡先までネットにさらされました。とても怖いことです。コロナ時代、みんなが余裕をなくしています。

「自分は弱い」と思えれば、より弱い者のことがわかる

でも、なぜこんな形で「誰か」を〝責める〟のでしょうか。不安な気持ちはよくわかりますが、「明日は我が身」かもしれないのです。僕は、得体の知れないこのウイ

ルスへの不安が、人間が本来もつ「弱さ」をえぐり出したのだと思っています。

また、日本社会そのものも構造的な弱さを抱えています。緊急医療体制の脆弱性《ぜいじゃく》は明らかになりましたし、社会的・経済的弱者に対する支援も不十分。これは、これまでの社会が「弱い者への視点」をなおざりにしてきたからではないかと思います。

全世界を襲った新型コロナウイルスは、紛れもなく巨大な災厄ですが、でもその「禍《わざわい》」を「福」に転じさせる道があります。それは「自分の中にある弱さ」への意識を拡げていくことです。

自分の弱さや欠点に目を向け出すと、人の弱さや失敗に少しだけおおらかになれます。すると、自分がこれまで容認しなかった真実に気づくかもしれません。

本屋の女性社長が傘を売る

兵庫県尼崎市の小林書店の女性社長から葉書をもらいました。僕はある時期、一年間に20件ほど、全国の書店で講演とサイン会を展開しました。そのとき、何店舗かはあえて小さな書店を選びました。

大阪にある隆祥館という書店と、尼崎市の、もっと小さな10坪もないお店の小林書店です。ここは本を販売するだけでは経営を維持できないので、日曜祭日は公園などで傘を売って生活を支えながら、それでも「街の本屋さん」としての灯をともし続けようとしていたのです。

「本屋さんを辞めたくなかった。本が大好きですから」

定年退職をしたご主人と交代で店番をしながら、できるだけ〝おすすめ〟の本を、読書好きに届けることに一生懸命でした。誇り高いのです。

自分が愛する店にそぐわない本は、置かないようにしました。でも、欲しい本はなかなか取次会社から回してもらえません。店に置いておきたくないような種類の本がお店に回ってくることが、往々にしてありました。

小売店は弱いです。でも負けませんでした。コロナがやってきて自粛要請が出て、ますますお客さんが減りました。そんな小林さんから手紙が届いたのです。

「先日、テレビで先生を拝見しました。『繋がることが大事』と語っていたのを聞いて、『知り合い１００人に葉書を書こうと決めました。電話でもなく、メールでもなく、

ZOOMでもなく、1枚1枚書いています。みんなで、必ず来る〝新しい日常〟のため、元気で乗り切りましょう。いつも勇気をありがとうございます」

うれしくなりました。弱くてひねり潰《つぶ》されそうな、弱小の本屋さん。それでも負けていないところがすごいです。この人は「弱さ」を横に置いて生きています。

「弱い人のことを忘れるな」は、僕が医師の道を志したときに、亡くなった父が言い聞かせてくれた言葉でもあります。

「弱い人」の立場を想像する力が大事です。自分と違う考えをもつ人間を容認できるようになります。「自分はこうだけど、相手にも一理あるな」と、弱い人から学ぶのです。強い人からよりも多くを学べると思います。

世界はいま、不寛容が広がる絶望的な状況にいます。でもその中で、「自分の中にある弱さに気がついた」「弱い人の気持ちを支えたい」と考え始め、少しでも行動を起こせば、「不寛容」は「寛容」に変わっていきます。そこから、ビヨンドコロナの新しい社会の希望が見えてくるような気がします。

しっかりと「美意識」を確立することが揺るぎない目標を築き、ぶれない姿勢を支える

新型コロナウイルスの猛威は想像以上です。しかし、過去にもウイルスによって引き起こされる病気で、人類は苦労をしてきました。

ふるさとにこだわり続ける

僕の友人の画家・原田泰治さんは1941年、一歳のときにポリオにかかり、足が不自由になってしまいました。日本では「小児まひ」と呼ばれることもありましたが、正式には「急性灰白髄炎《かいはくずいえん》」といいます。感染性の高い病気で、特に5歳未満の子どもに感染しやすいのです。

原田さんはその後、「ふるさと画家」として世界で展覧会を開くまでになりました。

全国を回って、『朝日新聞』日曜版で、「全国のふるさと」を描き続けて有名になっていきました。

「昔もいまも変わらない、こころのふるさとを探し続けている」と彼は言います。80歳になりました。彼の美意識はまったく変わっていません。病が進行して、いよいよ車椅子が必要になりました。そうなってから、原田泰治の視線はより低くなり、うっとりと地域の片隅に日本の美を見つめるように変化してきたように思います。変化はしていますが、美しさへの意識は変わっていないように思えます。

２０２０年、僕はまるごと「死」の本を書きました。『コロナ時代を生きるヒント』というタイトルです。泰治さんが表紙のデザインをしてくれました。紫色を使った美しい本になりました。

「美意識」のある政治家

彼の発病から20年ほどして、１９６０年から2年間、日本でポリオが大流行します。ワクチン接種が有効なのですが、当時日本では、予防接種として「不活化ワクチン」

を使用していました。しかしこのワクチンが、あまり効果を発揮しなかったのです。しかもワクチン接種で副作用も出ました。せっかく接種をしたのに、軽いポリオが発生してしまいました。

コロナを超えていくためには、ワクチンがいちばんの期待です。一刻も早く作られることが大事です。しかし、ワクチン製造には、副反応という痛い歴史が何度もあることを忘れてはなりません。副反応がなく、安定して抗体を作ることのできるワクチンが待たれます。

世界では「不活化ワクチン」だけでなく、「経口生ポリオワクチン」投与の動きが拡がっていました。でも日本には、この生ワクチンが十分にありません。海外からの輸入に頼らざるを得なかったのです。

当時のソビエト連邦がこれをもっていました。しかしこの時代、世界は、いまでは考えられない「東西冷戦」の構造下にありました。ソ連に代表される「東側社会主義陣営」と、アメリカを筆頭とする「西側自由主義陣営」が激しく対立していました。当然、「輸入相手がソ連」ということに難色を示す向きもあり、国会でも、賛成、反対に真っ二つに割れました。与党の自民党からですら、疑問が出たのです。

このとき、池田勇人内閣の厚生大臣・古井喜実が、超法規的大英断を下します。「〝冷戦の枠〟を超えて、子どもの命を救おう」と考えたのです。

非常事態、命を救うリーダーが必要

「平常時、守らなければならぬ一線を超えて行う非常対策の責任はすべて私にある」と、彼は述べています。「平常時ならばソ連とは一線を引かなければならない」という政治姿勢を認めながら、「非常事態のときにはやらなければならないこともある」と、古井喜実は考えたのです。

この大英断を受けて、全国1300万人の子どもに「経口生ポリオワクチン」が投与され、ポリオは沈静化しました。

「オンコロナ」から「アフターコロナ」へと状況を転換させていくためにも、こういうリーダーシップをもった政治家にぜひ登場してもらいたいものです。

お金は大切、でもお金がすべてではない
自分流の生きる哲学があったらいいな

「生きるための哲学」——哲学なんていうとちょっと大げさですが、チャチくても自分の言葉で生きる哲学をもっていることが大事と、思ってきました。

自分流の哲学をもつ

簡単に言い直します。僕は「人生の道標」にこだわってきました。人は誰しも「こうしたい」という理想をもちますが、「フィロソフィー」はそれを支え、迷ったときに、自分を〃初心〃に返してくれる「根っこ」になってくれます。

僕はいまから46年前、東京の国立大学医学部を卒業し、長野県茅野市の諏訪中央病

院に赴任しました。ここは累積赤字4億円のつぶれかけの病院で、地域の人たちの信頼をすっかり失っていました。

当時の長野県は〝短命県〟で、脳卒中患者も多く、倒れて救急車で運ばれる人が続発する有り様でした。それを見て僕は「脳卒中撲滅」を志し、病院内の仕事が終わると、脳卒中予防の講演をして歩きました。多い年は年間80回にものぼりました。そんな僕を見て、大学の同級生たちが心配してくれました。懐かしい笑い話です。「脳卒中で運ばれる人たちを助けていれば、病院の経営もよくなるし、地域の評価も上がるはず。お前がわざわざ毎晩のように地域に出ていって、健康講演会なんかしなくてもいいんじゃないか……患者を減らしたら飯が食えないぞ」と。

目先の利益より、大切なもの

しかし僕は、短期的な病院の利益より大切なものがあるはずと考えました。このときは、地域の信頼のほうが大事だと考えたのです。力が及ぶ限り、病気で苦しむ人を少なくし、弱い人の助けになりたい。それが、僕が医師を志した動機だからです。

30代で諏訪中央病院の院長になってからも、職員に「儲かる病院にしよう」という話は一切しませんでした。その代わりに「日本一、優しい病院になろう」を合言葉にしたのです。「諏訪中央病院の使命とはなにか?」を僕は考えていたのだと思います。それが地域の中で生きていくための、病院の存在理由になりました。

僕自身は辞めてもう14年になります。諏訪中央病院には、地域と繋がってあたたかな医療をしようというフィロソフィーが脈々と受け継がれています。

新型コロナウイルスの話が出たときに、すぐに病院と市の幹部が話し合い、状況に応じて先手先手で対策を講じようという話し合いが行われました。そして研修医の指導者である総合診療の玉井道裕先生が、「新型コロナウイルス感染をのりこえるための説明書」を次々に、諏訪中央病院のホームページや茅野市市役所のホームページにアップしました。それを地元の『長野日報』という新聞が二面、見開きで、玉井先生のイラスト入りのわかりやすいコロナウイルスの対策として住民に示しました。

毎週のように新しい版が出ます。4月のときには最終ページに、玉井先生のこんなコメントがついていました。

「ウイルスは人の心にも感染していきます。その流行は身体への感染よりも、はるかに厄介です。都市での感染流行は歯止めがかからず、医療崩壊が現実のものになりかかっています。私たちはまだ他人事のように感じていませんか。起きてから慌てて対応しても遅いのです。失った命は戻ってきません。桜がきれいに咲いています。来年の桜が見られるように、いまはただ支え合いつながりながら耐えましょう。最前線で闘っている方々のご無事をお祈りします」

スマート・ホスピタル

5月のときは医療従事者用に病院や施設編として、万が一に備えニューノーマルを探すというテーマで書かれています。

その最後に働く仲間に向けて「多くの人の努力と犠牲があって第1波を乗り越えられたのではないかと思っています。ですが残念ながら第2波は必ず来ますので、どの病院もハード面とソフト面の準備を進めていると思います。

ウィズコロナ時代になれば、コロナは○○病院でとか○○病棟でとか言っていられなくなるかもしれません。いま、病院に求められているのは、来るべき蔓延期への準備と、介護福祉施設を守るための準備と、新しい病院体制を作り上げることだと思っています。

私たちチームの目標の一つに『コロナが収束したときに、いま以上の病院になっていよう』というものがあります。みなさまのチームの目標はなんですか。引き続き最善を願い、最悪に備えましょう」

諏訪中央病院のフィロソフィーが脈々と繋がっているように思えました。うれしいです。

こうやって若手の医師たちが中心になってゆるぎない目標を築き、ぶれない姿勢を保ちながら常に市民のためにという意識をもっています。市民に的確な情報を提供しながら、ともにオンコロナの時代を生き抜こうという明確な意思が示されています。オンコロナの時代からすでにビヨンドコロナを意識しながら、自分たちの目標をもち続けることが大事なのだと思います。

諏訪中央病院のある茅野市でも、新しい市長が「スマートシティ構想」を発表しました。すると現役の若手医師たちが中心になって、「5Gが地域に導入されれば、それを使ってリモート在宅ケアができるのではないか」という気運が生まれ、関係する企業と一緒に計画を立て始めました。「緩和ケア病棟にいる末期がんの患者さんが、自宅や地域に戻っているように感じられる時間をリモートで作れないか」という「スマート・ホスピタル計画」です。

「コロナの患者さんが入院しているときに、リモートでリハビリができるようにしよう」などと次々に計画を立て、少しずつ実践に移し始めました。コロナ後の価値観の大転換をすでに意識しているのだと、心強く感じました。

フィロソフィーが「誇り」をもたらす

「日本一、優しい病院になろう」を合言葉にした結果として、一度として「儲けよう」と言わなかったのに、僕が経営責任者だった15年間は、赤字を一度も出さず、逆に35億円ほどの留保資金を蓄えるまでになりました。

経営を黒字化することは、とても大事です。良質な医療を続けていくには、安定した経営基盤が不可欠ですから。でもそれと同じくらい、存在する意義を貫いて、組織の哲学を確立することが大事です。

企業も地域も、あるいは家庭でも、組織のあり方を決めていくのはフィロソフィーです。それは自分だけでなく、一緒に行動する仲間たちの「誇り」を生みます。一人ひとりの人生でも同じ。存在意義に裏づけされたミッションが徹底されれば、それはもう一段高みを目指そうとする「新しい人生」に繋がっていくはずです。

新しい人生は「新しい人間」を作っていきます。組織も人間もコロナを通して変わっていくことができます。僕自身は、自分の心の中で「新しい人間」になってもっとおもしろく、そして人の役に立つ人間になっていこうと決意しています。

第2章

With Corona

無常の世界は「なりたい自分」に変わるチャンス

世の中も人生も無常
だから誰もが変われるチャンスと考えよう

僕たちは日々「なんでもない毎日」を生きていました。普段、それが当たり前にあると、ありがたみを感じないものです。でも今回のコロナによって、それが〝特別なもの〟であったと気づきました。

「ゆく河の流れは絶えずして、しかももとの水にあらず……」と、鴨長明《かものちょうめい》は『方丈記』に記しています。いわゆる「無常」の世界観です。

この時代は大火事、地震、洪水などがあり、大飢饉にも見舞われていました。絶望が溢れていたのです。だからこそ鴨長明は、世の中も人も命も絶えず流転《るてん》していて、いつまでも同じ形でいることはない、と考えたのです。

万物流転、絶対なんてない

2016年、リオデジャネイロのパラリンピックに参加したアフマット・ハシム選手は、南アフリカの競泳男子の選手です。彼は右足がありません。2006年に、右足の膝から下をサメに食いちぎられてしまいました。兄弟でライフガードのトレーニングをしていたとき弟がサメに襲われ、それを助けようとして代わりに犠牲になったのです。さぞかしサメが憎いのではないかと思いきや、彼はこう語っています。

「サメのおかげでパラリンピック選手になれた。サメにありがとうと言いたい」

そして「シャークボーイ」というニックネームを自分でつけ、環境団体の一員として、サメを含む海洋生物の保護活動に力を注いでいます。

「サメは人生に多くのチャンスを与えてくれた。だからサメに恩返しがしたい」と、サメが生態系においてとても重要であることを世界中に説いて回り、国連からも「国際サメ保護者」として認められているほどです。

「無常」には二通りの考え方があります。一つは「万物流転」「生滅《しょうめつ》流転」という言葉にあるように「物事は常に変わっていく」ということ。もう一つは「物事に絶対的真理などない」ということです。

彼が「サメが憎い」と考えてしまったら、こんな活動はできなかったでしょう。

しかし「サメに足を奪われたおかげ」と考えたから、新しい世界が拡がってきた。

僕たちは、毎日を物語のヒーローやヒロインのようには生きていません。でも毎日の生活の中で、ほんのちょっと考え方を変えるだけで、自分の物語のヒーローやヒロインになることができるのです。それは彼の生き方が証明してくれています。彼は障がいを前向きに受け入れたから、こんなに素晴らしいストーリーが生まれたのだと思います。

「無常」は命や人生のはかなさを表現していますが、僕は勝手に「悪いこともずっと変わらないわけではなく、必ず変わっていく」と思っています。これがカマタ流の無常の考え方です。人生は無常だからよくなる、そう思うようにして生きてきました。

変わる可能性がある自分を見つけろ

世の中は「無常」なものです。絶対的なものがないからこそ、状況はいつでも変わるし、変えることができます。変えるのは僕たちの「心」です。

例えば、いまは幸福とはいえない境遇にある人も、心のあり方次第ではいつまでも不幸のままではない。「そうか、運命は変えられるんだ」と思えば希望が生まれ、生き方が変わっていくはずです。

反対に、いま恵まれている人は「万物流転」の発想に従って、「このまま安住していてはいけない」と考え、いっそう努力していく。どちらにしても「明日は今日とは違う」と意識することが大事なのです。

それぞれの人生にはそれぞれの物語があります。自分にしかない素敵なストーリーを作れるか否か、それはこのコロナ後の日常の中に〝変わる可能性のある自分〟を見出すかどうかにかかっています。

大切なのは、「禍分」に気持ちが負けないこと
他人が不幸だと思っても
本人がそう思わなければ乗り越えられる

連日、「コロナ禍」という言葉に接して、ふと思い出した言葉があります。「禍分」という言葉です。

「人間にはそれぞれ与えられた福分というものがあるという。とすれば、禍分というものもあるのではないだろうか」

これは臨床心理学者の故・河合隼雄さんの言葉です。以下は、著書『「人生学」ことはじめ』からの要約です。

「架線の事故で電車を待たされているときに考えた。人間には天から与えられた禍分があり、神様が禍分の回数を決めている。すると、電車の架線事故などはまことに軽いほうで、これで私の禍分が一つ減ったわけだから、むしろ喜ぶべきことだろう。禍

転じて福となすというのも、案外、こんなことをいうのかもしれない……」

禍福はあざなえる縄のごとし

「福分」は「天から与えられた幸運」のこと。「福分がある人」とは、いつも幸運を呼び込む人のことのようです。それに対し河合さんは、「禍分というのも必ずあり、人それぞれ、それは決まっている」と考えている。嫌なことがあったとき、これは自分の人生に天分として与えられたことの一つが禍分となって現れたのだととらえる。

なかなかよい考え方です。

僕は緊急事態宣言が宣告されて三か月近く自宅のある茅野市内に閉じこもりました。それも自分の人生に与えられた禍分の一つだと思いました。ですからそれを呪ったり愚痴ったりはしないようにしました。

人はとかく〝幸せ〟のほうにばかり目がいきがちですが、人生すべてが幸福で満たされることはありません。むしろ現代人は、幸福を追い求めるあまり、ちょっとでも満ち足りないと不幸と感じてしまう。幸福を願えば願うほど、かえって自分を不幸に追いやってしまうのです。

「これくらいなら……」と思えれば、早く福分が訪れる

僕が諏訪中央病院に赴任した頃は、長野県の脳卒中死亡率は秋田県についで全国2位。しかもこの病院のある茅野市は、長野県の17の市（当時）の中で、いちばん脳卒中の死亡率が高い。「不健康で早死に」の地域でした。

でも、そんな地域で働けたことは、禍分のように見えますが、いまとなっては福分です。病院の儲けという短期的な利益ではなく、地域の健康づくりというより、大きな目標を達成することができたのですから。

確かに、そんなところに行く人生は禍分だと他人は思うかもしれません。でも、人生で起こることには表と裏がある。表から見れば禍分かもしれないが、それは必ず福分につながっています。いまの禍分の先には必ず福分が待っているはずなのです。

大切なのは、禍分に気持ちが負けないこと。いくら他人が不幸と思っても、本人が

そう思わなければ乗り越えられるし、もしかしたら想像もできない大きな幸運が待っているかもしれません。

ちょっと発想を変えれば、禍分は福分に変わりえます。いまの不幸を嘆くのでなく、「これくらいの禍分なら許そうか」と早く思うことです。そういう人ほど、早く福分が訪れる。僕はそう思っています。

「これくらいならなんて、とても思えないよ」という声も聞こえてきそうです。そうですね、人間は、すぐに自分の思ったものと違う現実を受け入れることは難しいものです。理想と現実の乖離が激しければ激しいほどそうでしょう。

ただ、いつかその苦難も、もっと大きな視点で見れば幸福への道になるかもしれない。そう思えることで、いまの苦しみがいくぶんでも減ればいいなと願います。大きな視点の見方へ変えることでも手に入りますが、いちばん確実で簡単な方法は、時間が過ぎていくことだと思います。

コロナ禍の苦しいことも、必ず過去になる。それは間違いありません。

誰かに憎しみの目を向けるな 排除の論理はダメ

一時期〝排除の論理〟が、横行しました。危険を承知で、現場で働かざるをえない人にも向けられたのです。あるトラック運転手のお子さんに対して、教育委員会が「入学式に来ないでほしい」と要望したという話がありました。お父さんの仕事が東京と地元を往復するからというのが、その理由です。

エッセンシャル・ワーカーに感謝

都会の人たちは、食料をはじめ生活必需品を運転手さんたちが運んでくれているから、そのおかげで暮らしていけるのです。不特定多数の人と接する仕事なので、彼らは危険と直面しています。それでも働いてくれて僕たちの生活を支えているのです。

「医療崩壊」寸前だった医療現場でも、看護師さんたちが必死に働いています。介護の現場でも、不安と闘いながらいまも必死で高齢者を介護する人たちがいます。

しかし、ひとたび病院や施設で感染者が出ると、看護師さんやヘルパーさんのお子さんが「学校に来ないでほしい」と通学拒否されてしまう。

交通機関や物流などの現場で働く人、スーパーで働いている人たち。必要不可欠な働き手・エッセンシャル・ワーカーたちを「リスクがあるのにありがとう」と思いやり、感謝することが大事。彼らの子どもを地域が守ってくれたら、トラックの運転手さんも看護師さんも安心して働けるはず。みんな社会の中で必死に生きている……。

時には「声をあげる」勇気を

第二次世界大戦下の1942年、アメリカのルーズベルトの大統領令で、12万人もの日系人たちが収容所に送られました。そのときフレッド・コレマツという日系人が、日系人強制収容の不当性を訴えたのです。「スパイ容疑」で逮捕され、自身も強制収容所に入れられながら、有罪となっても諦めず裁判を繰り返します。でも、自分たちの保身から強制収容に賛成した日系人の仲間からは白眼視されたそうです。

そして最高裁での有罪確定から39年後の1983年、コレマツは逆転無罪の判決を勝ち取り、98年、当時のクリントン大統領から大統領自由勲章を授けられました。

「なにかが間違っていると感じたら、それを口に出すことを恐れてはいけない」

コレマツの言葉です。長いものに巻かれず、しんどくてもつらくても、後ろ指をさされても、「絶対におかしい」と思ったら、時には叫び声を上げる必要があるのです。排除の論理に屈してはいけないのは、両面があるのです。排除の論理に与《くみ》しないというだけではなく、排除されそうになったときに、敢然と立ち向かうことが大事なのです。意識を少し変えることによって、排除することも、排除されることもない世界にしていきたいものです。

きれいな生き方をしよう

僕たちはオンコロナの苦しい体験を経たからこそ得られた、貴重な経験があるはずです。もっともっと「心の窓」を開いて、「他者を思う心」を深めることです。

不安が排除に走らせるのだと思います。少しでもリスクの高い人たちに、間違った憎しみの目を向けてしまうのです。排除の論理はダメです。誰でも感染する可能性の高い時代は〝感染したら終わり〟ではないのです。感染したらきちっと自主隔離をすればいいのです。そして陰性になったら「ご苦労様」とみんなで迎えることが大事なのです。排除の論理はむしろ僕たちの社会を感染症に弱い社会にしていきます。

危機のさなかでも、誰かに憎しみの目を向けるより、寛大な気持ちで人を助けること。それが実現できれば、この危機を乗り越えられるだけでなく、ビヨンドコロナの世界をよりよいものにすることができるはずです。僕たちはいま、その分岐点に立っているのです。

体を清潔に保ってコロナと闘うだけでなく、「生き方」もきれいにして、新しい社会を築く一歩を踏み出すこと。それができたとき、僕たちは「コロナ禍を超えて」と、胸を張れるのだと思います。手を洗いながら、「手」も「生き方」もきれいにしようと、自分に言い聞かせるようにしています。

息苦しい時代は、若くても歳を取っても
みんなヤンチャに生きればいい

社会の空気がよどんでいるときは、ときどき空気をかき回し、入れ替える必要があります。みんなが、どこかに子どものような純粋さをもち続ければ、それが社会の空気の入れ替えに繋がります。

常にピュアな自分を大事にしよう

ポール・エリュアールというフランスの詩人が、こう言っています。

「歳を取る、それは青春を歳月の中で組織することだ」

いま人生の後半にさしかかっている人たちだって、おもしろいものが見つかるはず。世界に旅立たなくても、自分の街に出てみたらいい。するとなにか発見がある。僕た

ちはその発見に喜びを見つけられる遺伝子をもっているのです。それを押さえつけると、どんどん老けてしまいます。元気がなくなり、寿命が短くなってしまう。

だから「青春なんて遠い昔」などと思わず、「組織する」こと。つまり取り戻す気持ちでもう一度、青春を作り出していくのです。たしかに、中年期は生活に必死で、子育てにも力を注がなければならず、「青春」どころではないでしょう。しかしそれを過ぎれば、つまり歳を取れば歳を取るほど、もう一度青春に戻れるチャンスは増えていく。

中高年の人たちは、いままでの立ち位置からたまには離れてみればいいのです。新しい世界が見えてくるはずです。僕のように晩年に差し掛かった人は、人生の問題に、肩の力を抜きながら答えを探してみればいいのです。答えが出なくてもいい。僕たちはしょせん「ホモ・ルーデンス」、遊ぶ生き物です。もう宿題も試験もありません。優等生の人生なんか目指す必要もありません。もっともっとヤンチャに生きればいいのです。

大切なことは、いつも子ども心を忘れないこと。若い人も壮年期の人も、老年に差し掛かった人も、みんな子どものときの夢や希望をもう一回思い出して、一人ひとりが、自分らしく自由に生きることが大切なのです。

詩集をもって、青春切符で各駅停車の旅なんてとてもいい……。若者も高齢者も、ジッとしていてはダメ。動き回る必要があります。

ウィズコロナからやがてアフターコロナへと、時代は変わっていきます。上手に状況をうかがうことです。焦って感染を拡げてはいけません。会食はしない。一人旅なんていいですね。閉じこもる癖をつけ過ぎて動かない人間になってはいけません。そしてチャンスを見過ごさないことです。必ずビヨンドコロナはやってきます。

僕たちは出アフリカの旅に成功した〝変わった人〟たちの末裔。人類は好奇心を受け継いだ結果、繁栄してきたのですから僕たちも好奇心を失ってはいけません。

無関心が人間をダメにする

無関心ではいけないのです。自分の人生をおもしろく、豊かにしようと思ったら、冒険する勇気をもち、自分がなぜ生まれてきたのか考える必要があります。

せっかく生まれて来たのです。自分が存在する意味が見えてくるような生き方ができたらいいなと思っています。人間は自己主張する生き物なのです。「俺はいまここにいる」というような強い思いを一人ひとりがもつと、まだまだ日本はおもしろい元気な国になるはずです。社会と人間にもっと興味をもちましょう。

オンコロナの状況にあるとき、世界はとげとげしさを増していきました。でも暴力に暴力で対抗したり、戦争の仕掛けに戦争で対抗してはいけません。そうではなく、テロには聴診器で闘ったり、戦争には美術や音楽で闘う。こういう「遊び心」がとても大切なのです。

生きている限り、冒険し続けることが大事です。脳卒中のために障がいが残っても、車いすでなんとかスーパーまで買い物に行く。僕たちの祖先が「出アフリカ」をしたのと同じ、強い好奇心で外に出ていくことです。

僕たちの祖先が、何万年もかけて旅に成功した「冒険心」と同じなのです。

コロナに人生を支配されてはいけないのです。

怖がらなくて大丈夫

いっそ、「老苦」を「老楽」に変えてしまおう

「生・老・病・死」を仏教では四つの苦しみ、「四苦」と表現します。中でもすべての人間に平等に与えられているのが死。誰にでも必ず、死はやってきます。でも死を怖がって「死苦」にするのではなく、限りある命だからこそ自由に自分らしく最後まで楽しく生きたい。ドイツの哲学者ハイデッカーは、こんなことを言っています。

「死を引き受けることで、退廃に陥ることなく、よりよく生きられる」

もし、死がなかなか来なかったらどうでしょう。歳を取って好きなことができなくなったのに、まだ200年も300年も生きられるとしたら、それでもあなたはうれしいでしょうか。「四苦」だって、これを逆手にとって楽しんでしまうことができると僕は考えます。「老苦」を「老楽」にしたり、「病苦」を「病楽」にしてしまうこ

とができるのです。〝生きることの苦しさ〟が〝生きることの楽しさ〟に変わっていきます。「死苦」ですら「四楽」の一つに変えることができるのです。

「死苦」を「死楽」に変えることだってできる

慢性呼吸不全になり、酸素吸入器が手放せないAさんは一人暮らしです。でも、いつも明るい。隣近所と声を掛け合ったり、ボランティアに助けられたりしながら、生活保護を受けて生きています。生活苦にも負けていません。

自分なりに近づいている死を覚悟し、「断捨離です」とニコニコ冗談を言いながら、身の回りの品を整理し始めました。ドクターや看護師さんたちが往診に行ったついでにお花見に行ったりして楽しんでいます。生活保護だから決して楽ではありませんが、生活そのものを楽しもうとしています。病気も慢性呼吸不全があるので、苦しいはずなのに、いつも楽しもうと考えています。死が近いことも承知しています。「いつ来てもいいよ」と言いながら、ペロッと舌を出します。「最後までちゃんと生きてやるぞ」と笑いながら言うのです。

この方は見事に「死苦」を「死楽」に変えて生きています。実は誰でもそうできるのだと僕は信じています。人間にはそういう力が、本人は気がついていないだけで、あるような気がします。

「ニューノーマル」を生きる

身寄りはいないけど孤立していません。突然、死が訪れても、彼はきっと満足して死んでいくでしょう。その姿を見ていると孤独死を怖れる必要はないと感じます。

コロナをどう超えていくかというときに、感染症の専門家や社会学者が「ニューノーマル」という言葉をよく使います。社会的距離を言われ続けてきたためにオンライン授業やオンライン診療、オンラインの買い物など、なんでもオンラインで済ませられるものは済まそうという時代がやってきました。

日本人は、コロナ後の新しい時代に乗り遅れてしまうのではないかと心配する人たちがいますが、僕は心配していません。もうコロナ前から人々はしたたかにニューノーマルを生きてきたように思います。

このAさんは、酸素吸入を「新しい日常」としました。大切なことは、新しいデバイスを使ってどう生きるかです。僕たちは明治からずっと、先進国を横目で見ながら新しいデバイスを作ったり、使ったりしながら、世界へ飛躍してきました。ニューノーマルなんて言葉に脅かされてはいけないのです。僕たちの中には十分対応できる力がある。

「病苦」を「病楽」に変える

85歳のレビー小体型認知症のおじいちゃんが新型コロナウイルスによる自粛要請中に僕の外来にやってきました。「調子はどう?」と訊くと「絶好調」と答えてくれました。息子さんがついてきてくれています。

「幻覚は見える?」と僕が訊くと、「見えるよ、小人がね。いないはずだというのはわかっている。でも気にしていない」とCさんは明るく答えてくれました。さらに「散歩している?」と僕が訊くと、彼は笑いながら「している、している」と答えます。

「先生の指導のほうが、安倍首相の指導よりも僕にとっては大切だから」と真顔でギャグを飛ばしてきます。

緊急事態宣言が出た直後でした。自粛要請が出て「できるだけ自宅にいてほしい」という要請に対して、彼は突っ込みを入れているのです。彼の考え方は正解です。人と接触しなければ、家に閉じこもるより時々散歩に出たほうがいいのです。

幻覚はレビー小体型認知症の一つの特徴です。マンガ家でタレントの蛭子能収さんも同じ認知症になりました。僕の経験から言うとテレビの仕事はしばらく続けられると思います。やっていたほうがいいように思います。認知機能は割合、守られていることが多いのです。医師側が診断をはっきりさせて、薬に弱い病気なので薬の投与をできるだけ抑えるようにすると、その人の認知機能が守られることが多いのです。

ソーシャルコネクティング

Cさんも息子さんも、僕の言葉を信じてくれています。自粛要請が出ても散歩をするほうが、寝たきりにならないで済む、認知機能を維持できるという説明を理解してくれているのです。

Cさんが笑いながら言います。「ここまできたら認知症も怖くないよ。先生からちゃんと説明を受けている。俺はレビー小体型認知症、よくわかってるよ。いつか死が来ることも全部わかってる。家の母親も先生に往診で看取ってもらった。妻はくも膜下出血で突然死した。人生いろいろ、いつお迎えが来ても俺は満足。コロナなんか怖くない」とニコニコしています。

息子さんが物理的距離には注意して遠くから見守っていますが、社会的距離はちゃんと繋がるように家族全員で見守るようにしています。これを「ソーシャルコネクティング」（社会的な繋がり）といいます。これが大事なのです。この家族は新型コロナウイルスに負けない生き方をしているように思います。

こんな人たちを見ると、生きることも歳を取ることも病気になることも、死ぬことさえもそんなに怖いことではないと思えてきます。四苦と上手に付き合っていけば、穏やかないい死が待っている。怖がらなくていいのです。

そして、人間はどんな状況に陥っても、絶望を希望に変えることができるのです。

なに気ない言葉が
互いの存在を認め合う

「お隣りの国も、その隣りの国も、——『おまえさんのところも大事におしなさいよ』『ええ、おたくも』っていうような感覚が、ほしいんですよ」。沢村貞子さんは『わたしのおせっかい談義』の中でこう語っていました。

「大事におしなさいよ」と僕たちが言うと、「ええ、おたくもね」と韓国や中国の人たちが返してくれるようになれば、世界はもっともっと平和になると思う。難しいのはわかるけど、憎しみ合いから友愛へ変わったらいいな。

コロナ前から、日本と韓国との間では竹島問題で、中国とは尖閣諸島問題などの領土をめぐって対立が続いています。確かに僕自身も、この二つの国にはむっとすることが多い。中国が作った国家安全維持法が特に許せません。

それでも、お隣さんのことを少しだけ気にかけることで戦争のリスクを減らせるのではと思っています。韓国のドラマや、中国の映画などを観るものいい。どんな形でもいいから、気にかけることが大事なのです。

中東ではイスラエルとパレスチナが70年近く戦い続けています。僕は両国を何度も旅しました。そして『アハメドくんのいのちのリレー』という絵本を書きました。パレスチナの12歳の少年の心臓がイスラエルの12歳の少女に移植されました。絵本を書いて「お隣さん同士が結構いいことしているじゃない」と伝えたかったのです。

自由を守りたい。いまも未来も

雨が降っているとき、僕は思うようにしています。「雨が嫌だな」と口にしてもなんの役にも立ちません。そんなときは傘を広げるのです、黙って広げればいいのです。

生きていれば、雨の日だってあります。一年に何十回か雨の日があるのだったら、雨の日を楽しもうと考えるようにしています。

駅で雨が止むのを待っている人がいたら、同じ方向かを尋ねて「よろしかったら……」と傘に入ってもらえばいいのです。これがビヨンドコロナの僕の生き方です。沢村さんが、軽い言葉に思えるのに、あったかくて根幹をついているような言葉を言えたのはなぜなのでしょう。

たくさんの苦労をしてきた女優です。生涯に350本以上の映画に出演しています。小津安二郎の映画にも出演しました。随筆家になり大変な売れっ子作家になりました。その半生は、NHK朝の連続テレビ小説「おていちゃん」の原作にもなりました。

一方、新劇で芝居をしているときに左翼演劇だとレッテルを貼られ、2回も逮捕されました。10か月を越す独房生活も経験しました。彼女の中にはたくさんの怒りがあったはずです。発言をする自由や、芝居をする自由があるはずだと。

戦争前、僕たちの国にはそういう自由がありませんでした。戦争をしようという一部の人たちが、国を牛耳っていました。彼女は自由を叫んでいたのだと思います。自由を縛るものに彼女は納得できない怒りを抱えていたのだと思います。結婚も2回しています。いつも自分に正直だったのでしょう。

コロナを超えて、僕はもっと自由に生きていきたいと思っています。

「大丈夫ですか」「応援しているよ」

諏訪中央病院でも、中国人留学生を招いて看護学校で教育してきました。言葉もわからない中国人女子に日本で看護教育を施すのはとても大変でした。看護師の国家試験は難関で、それをパスするには、中国の両親に成り代わるくらいの覚悟で面倒を見ていかなければなりません。

人間と人間の関係を築いていくことが大事なのです。ビヨンドコロナには、「元気ですか」「大丈夫ですか」「応援してるからね」が、ますます大切な言葉になります。ほんのちょっとした言葉が、世界を変えていくのです。憎しみが隠れた言葉は極力使わないように。身の回りの人間と人間の関係も同じです。

「えらいね」とか「よくやってるね」とか、ほんの一つの言葉で、人間と人間の関係は変わるのです。

〝見えない敵〟に対する不安や恐怖に負けない「セルフコントロール」

未知の新型コロナウイルスはわからないことだらけです。しかも朝昼夕夜と、ワイドショーやニュースで一日中コロナの話です。春頃には「コロナ疲れ」が社会に蔓延しました。ところどころでイライラが爆発しているように見えました。長い自粛生活の中でDVが多発したり、怒鳴り合いがあったり。うつうつとしながら、いつ爆発するかわからない恐怖をはらんだ社会になりました。

ウイルスフォビア

「学校に行けない子どもたち」のことを「学校フォビア（学校恐怖症）」と言います。
これにならって僕が勝手に「ウイルスフォビア（ウイルス恐怖症）」という言葉を作り

ました。この恐怖感が「自粛警察」を生み出したのです。

僕たちの国は罰則規定がない「自粛要請」で、一定程度のコロナ封じ込めに成功しました。

それを自慢する政治家もいます。もちろん僕も「やっぱり日本はすごい」と思いつつ、心配なことがあります。第2波でまた自粛要請をせざるをえなくなったとき、国民は精神的に耐えられるだろうか。自己責任ベースの自粛生活要請……とても曖昧な要請です。それをテレビが毎日、一日何回も、もっと具体的に「こうすべき」だと、専門家の口を通して語ってきます。同じ専門家のオバさんやオジさんの顔を見るのも、だんだん飽きてきます。「オレはオレ流に注意するから、まかせてよ」とついつい思ってしまいます。政治家も専門家もリスク・コミュニケーションの質を上げてもらいたいものです。

自粛についていては、それを守れない人がいるとバッシングが始まります。バッシングをする人自体がウイルス恐怖症で、怖くて、怖くてしようがないからなのです。感染者が陰性になって会社に出てきても、まるで〝うつす〟かのように思い込んでいる。しかし感染して抗体ができた人は、もうほかの人に感染させることはありません。感染して治った人が少しでも増えれば、僕たちの社会は「感染症に強い社会」になっていきます。感染して、きちんと自粛要請に応えた人には、むしろ手を叩いて「ご苦労様」と言ってあげればいいのです。

コロナ時代は、6秒の我慢

新型コロナウイルスという〝見えない敵〟に対する不安や恐怖が蔓延しています。だから以前にも増して、ちょっとしたことで怒りが爆発してしまうのです。見えないウイルスに対する不安や恐怖に負けないためには、セルフコントロールが必要です。カマタ個人の話をしましょう。

怒りや不安を感じたときは、脳内に「ノルアドレナリン」というホルモンが分泌されます。しかしこれは、6秒経過すると分泌のピークが終わります。だから僕は「腹が立っても6秒我慢しろ」と自分に言い聞かせてきました。そうすれば落ち着いて相手の意見も聞けるし、冷静に自分の気持ちも披露できます。

でも、6秒待っても怒りが収まらないときもあります。そんなときはゆっくりお茶を飲んで気分を整えました。それでも収まらないときは、一晩、「怒り」を寝かせてみようとしました。

不愉快なことは無視

怒りの電話をかけそうになったとき、あるいは自粛警察気味の批判をツイッターに投稿しようと文章を書いたとき、アップする前に、とりあえず6秒待つことです。これをみんながやれば、世の中が少し穏やかになると思います。

家の中に閉じこもる生活が長くなると、それまで波風が立たなかった家庭でも、些細なことで怒りがぶつかり合ったりしていきます。仕事でも、「三密」を避けるために、いままで作ってきたリズムが完全に壊されました。うまくいかないためにイライラが高じ、怒りが爆発しやすくなるのです。

テニスの世界で、長らくトップ3を維持してきたスイスのフェデラー選手は、心のセルフコントロールのテクニックを学んだことで、いくつものメジャータイトルを手にしてきました。

怒っても仕方がないときには、無視することが大事なのです。いまほど「怒りの6秒ルール」を忘れてはいけない時代はありません。

パタカラ運動とオデコ体操

アンガーマネジメントの凄技をお教えしましょう。「パタカラ体操」です。口腔フレイルの予防なのですが、「パタカラ」と早口で6秒繰り返します。科学的根拠があって、「パ」は口の周りの筋肉を強化します。「タ」は舌を動かし、「カ」は喉の奥を、「ラ」は口全体を動かします。これを早口で、「パタカラ」「パタカラ」と繰り返すと口腔フレイルの予防になり、誤嚥性肺炎を防いでくれます。

男性は恥ずかしくて「パタカラ体操」の声を出しにくい。その場合には「オデコ体操」を教えます。右手の手のひらでオデコを持ち上げ、顔は下を見るようにします。

首の周りの筋肉が鍛えられます。これを6秒ほどやるのが「オデコ体操」。

中年のご夫婦が僕の外来に通っています。自粛生活が長くなり、夫婦の間に険悪な空気が漂い始めました。そこで奥さんは「パタカラ」「パタカラ」と口にし始めました。旦那さんは、奥さんが怒っているのはわかりますが、その理由が思い浮かびません。こんなとき「なぜ怒っているんだ」と聞くと、ますます怒られます。それを何度も経験した彼は、「オデコ体操」をやり始めました。笑ってしまいます。

「オデコ体操」は横から見ると、ロダンの「考える人」のようです。それを見て奥さんは、「少しは気にしてくれているのかしら」と、怒りを収めたのです。

夫は、「なにがなんだかわからなかったけれど、家の中が穏やかになりました」と笑っていました。

「新しい日常」の中に、どれだけ多くの笑いをもち込めるかが勝負です。

こんなときは、もっと孤独でもいい
孤独を恐れてはいけない

コロナ自粛によって好むと好まざるとにかかわらず、一人暮らしの多いこの国では、一人の時間を長く過ごす人が多くなりました。

もちろんオンラインで、いつでも、誰とでも、すぐに繋がることはできます。しかし「人のぬくもり」までは感じることはできません。オンコロナからウィズコロナに移行しても「孤独だなあ」と感じている人も少なくないはずです。

孤独は成長のバネ

孤独ってそんなに悪いことでしょうか。孤独の時間をもつということは、生きる強さの獲得に繋がっていきます。それは自分自身を確立するためにとても大事な、必要な時間だからです。

誰もが、いま、かつて経験したことのない混乱の中にあり、自分が今後どう生きていくのか新たな自分の確立を模索しているでしょう。だからこそ、いまは好機とも言えるのです。

コロナ前、僕たちは「人生で一度は立ち止まって考える時間があってもいい」、そんな言葉をいろいろな本や雑誌で目にしてきました。

ただ現実には、日々忙殺され、孤独の時間をもちたくても、もてない人間がほとんどでした。それどころか、毎日の予定はびっちり、仕事にプライベートに、無理してでもスケジュールが入っていないと不安になるような人が多かったでしょう。

今後も、人に会いたくても会えない期間がくる可能性が高いです。一人の時間が長くなるのだから、それを受け入れてしまいましょう。人に会えないなら、無理して会うことはありません。

孤独は人間を成長させます。孤独は成長のバネです。孤独を怖がらないでください。きっとあなたは変われます。

生き方のモデルチェンジを考えてみる

折角の時間、じっくりと自分に向き合ってみるのです。ああ、自分はこんなことを考えていたのか、などとさまざまな発見があることでしょう。ただし、孤独になっても孤立はしないように注意してください。

孤独を上手に利用してください。コロナ前に戻る必要はないのです。自粛要請中に人と会う機会が少ないのを利用して、あなた自身が新しい人間に変わってしまえばいいのです。言い換えればモデルチェンジです。環境にいい人間になってもいいのです。絶大な馬力を装着してエネルギッシュな人間になってもいいのです。〝大きな乗り心地のいい車〟にモデルチェンジをして、たくさんの人を乗せて、みんなに喜んでもらう人間になってもいいのです。

ウィズコロナの間に、あなたはいままでと違う自分になれるのです。こんなチャンスは滅多にありません。どんなモデルチェンジにするかじっくりと考えて、アフターコロナを迎えてください。

お勧めなのは、読書です。読書をしていると、いつの間にか自分ならどうするだろう、どう考えるだろうなどと自分と対話をするものです。

僕はものすごく本を読んでいます。そのおかげで『鎌田實の人生図書館』（マガジンハウス）という本の執筆を頼まれました。本と絵本と映画三昧です。一人だけの時間を利用して、一年間に5冊の本を仕上げようと思っています。忙しい毎日を送っています。孤独を寂しいなんて感じるヒマがありません。

あるいは、思っていることを文章に書き出してみることもいいですね。数行でもいいから日記を書いてみてはどうでしょうか。

読んだり書いたりしている間に、あなたの思いがまとまってきます。新しい人生が、待っているはずです。「ひとり時間」を上手に利用してみてください。

離れ過ぎないで、閉じこもらないで自分の人生をおもしろく生きる

幕末の志士の中でも、現代人に圧倒的な人気を誇る坂本龍馬。

龍馬は土佐藩を脱藩して「日本を今一度せんたくいたし申候」と、各地を飛び回りますが、暗殺されるまで活躍した期間はたったの5年。

一介の脱藩浪人がなぜ薩長同盟の仲介役を務め、「大政奉還」という歴史の大転換を担うことができたのか……。

「籠の鳥」にならないこと

その理由は「自由」です。彼は自分の自由を大事にしました。

脱藩したのも、好奇心の赴くままに旅に出て、自由に世界を羽ばたきたいという願

いの表れです。「籠の鳥」はそこからしか世界が見えません。藩に忠誠を誓っていたら、小さな地域の籠の鳥になっていたはずです。脱藩することはとても大変な時代でした。籠の鳥の限界を、龍馬は知っていたのだと思います。

自由に動き回れれば、より多くのものを目にできると思ったのです。そして日本の現状、世界の動向に直面し、「日本はこのままではいけない。じゃあ、どうする？」と発想を拡げていくのです。

いま、「ソーシャルディスタンス」が叫ばれ、一歩間違うと僕たちは「籠の鳥」になりそうです。こんな時代だからこそ、どうやって世界を見続けることができるかを考える必要があります。

インターネットを使って世界の情報を知ることも大事ですが、むしろコロナウイルスと人間との関係を見続ければ、状況が刻々と変わっていくことがわかります。その変わりようを判断しながら、好奇心をもって世界を見ていくことが新しい時代を生きるためにはとても大事です。

離れて、繋がる

人間は一人ではなにもできません。事を成し遂げるには「同志」が欠かせない。でも「意見が違う」といって相手を打ちのめしていたら、同志はできない。

いま、ときどきネット上が荒れることがあります。一人の行動を、何万人もの人が激しい言葉で批判したり、バッシングしたりするのを見かけます。自分の名前を明かさずに、籠の鳥のようにピーピーと相手が傷つくことを語って、自分のストレスを解消しているように見えます。とても残念です。自分が自由でないから、他人を叩くのです。

一人ひとりが、みんな自分の人生を充実させるために、夢や事業を成功させるために繋がること……。ビヨンドコロナ時代の課題です。

ソーシャルディスタンスで「離れて」いることが求められています。でも「離れて」いても、本当に離れてしまってはいけないのです。離れているからこそ、どうやって繋がるか、どうやって仲間を作るかが、特になにかを起こそうとしている人間にとっては、より大切なのです。龍馬は繋がることの名人でした。

「万事、見にゃわからん」

こうやって力んでみたのです。どんなことでも、「本当にその通りになるか？」なんて、誰にもわからない。「万事、見にゃわからん」なのです。

倒幕が成功するのかどうか、新しい時代はどんな時代なのか。坂本龍馬でもなにが起きるのかわからなかったのだと思います。

ビヨンドコロナはまさに「万事、見にゃわからん」なのです。数年の間に、第2波、第3波と大きな波が来て、体も心も経済も厳しい状態が続くのか誰にもわかりません。抗体検査は世界で行われ始めました。感染している数が思いのほか多いことがわかり、その感染者数で死亡率を見ると、インフルエンザとそれほど死亡率が変わっていない地域があります。やがて社会的な意識が変わり、インフルエンザと同じように注意をし、平常通りに経済を回しながら、感染爆発を起こさない方法を見つけることができるかもしれません。

社会的に受容して、上手に恐れながら、恐れ過ぎず生きていくことができるようになったらいいなと思っています。

"小さなところ"から復元していく「マイクロ・レジリエンス」

2019年10月の台風19号（令和元年東日本台風）は、長野県にも大きな被害をもたらしました。そして今年1月、「NHKクローズアップ現代＋《プラス》」は、その実態を検証する番組を放送しました。

逃げるが勝ち

僕は解説を担当しましたが、千曲川が決壊して大洪水になった「長沼地区」の公民館に集まってくれた高校生たちは、5年前の小学生時代に、担任の先生と一緒に、「水害の歴史」を忘れないようにと劇を作りました。長沼地区は昔から水害に見舞われて、千曲川で史上最悪とされる1742年の「戌《いぬ》の満水」では、168人が亡くなり、約300戸の家屋が流失したのです。

劇の台本作りのために、彼らは地区のお年寄りに水害と闘ってきた歴史を聞き、それをもとに先生が作詞作曲したのが「桜づつみの歌」。まずは命を守ることの大切さを歌いました。千曲川の堤防を補強し、桜の植樹工事が進んでいたことから名付けられ、劇中でも歌われました。

補強して桜を植えた堤は、台風19号で再び決壊してしまいました。でも地区の人々の多くは無事でした。それは、この歌のおかげで「逃げる」ことを恐れず、いち早く避難したからです。

逆境を跳ね返す「回復力」

それを聞いて「レジリエンス」という言葉を思い浮かべました。「回復力」や「復元力」「抵抗力」などの意味ですが、僕は「逆境力」と訳しました。残念ですが、人間は自然災害の前には無力。でも日々、それに備える心構えと、被害から立ち直ろうとする気力、つまり「レジリエンス」が、災害列島で生きていく僕たちに不可欠なのです。

「レジリエンス」は災害時だけでなく、「苦しいとき」をどう乗り切っていくかを模索する力にもなります。そこで大事なのは「マイクロ」。つまり「小さくていい」ということ。これが「マイクロ・レジリエンス」。すべてを一度に元に戻そうとしても、それは難しい。だからまず、手の届く範囲から修復していくという考え方です。

例えば家が流出してしまった場合、本当はすぐに建て直したいけれど、それは最終目標。その前に、仮設住まいの境遇でも家族で日帰り温泉を楽しむ。ファミレスで楽しく食事をする。そういう小さなことが「逆境力」を育ててくれます。

まず「小さな目標」から始める

コロナと闘っているときにはどうすればいいのか。……難しいですね。でも、みんなで食卓を囲むことは本来、とても大事。緊急事態宣言以降、オンラインでの飲み会やパーティー、家飲みが流行りました。とてもいい工夫です。

経済のいちばんの中心は消費です。僕たちがモノを買ったり、外でご飯を食べたりすることを自体が、経済を回していく原動力になります。モノを作って、輸出していくことも、外国の人が来てインバウンドでたくさんの消費をしてくれることももちろん大事です。しかしまずは僕たちが地元のお店で買い物をしたり、レストランや居酒屋に入ったりすることが大事なのです。

ウィズコロナの状態では、残念ですが、おしゃべりをしながらご飯を食べることはリスクを大きくします。

レストランや居酒屋に行き外食することは大事です。でも、できるだけ季節のいい時期は、敷地にテーブルやイスが出されているような換気のいい焼鳥屋さんなんかに行ったりする。密閉したレストランでは、残念だけど料理を食べながらのおしゃべりはやめましょう。食べ終わったら、少し距離を取ってマスクをしておしゃべりをしてもいい。窓があるお店なら、時々開けてもらう。そんな注意をしながらでも、お店で食事をすることが大事なことです。そうやってマイクロ・レジリエンスが生まれていきます。

他人との繋がりを深めておくことも大事。水害に遭った高校生たちは、「自分たちになにができるだろうか」と悩んでいましたが、表情がとても明るい。それはみんな、仲がよいから。仲間がいれば「自分が誰かの役に立てる」という気持ちをもてます。それが周囲に大きな力をもたらしてくれます。

そして「目標」をもつこと。大きな夢や希望は無理なときでも、小さな目標なら可能です。「いきなり」は難しくても、一歩ずつなら可能になるのです。「ちょっとした幸せ」「今日よりは明日」を考えられれば、元気が湧いてくるはずです。

現在、コロナウイルスの影響が深刻で、日本だけではなく全世界が困難と危機に直面しています。こんなときだからこそ、一人ひとりが家族や仲間の存在に感謝を深め、小さなことを目標にレジリエンスを高めて、この逆境を乗り越えていきましょう。

僕は「レジリエンス、レジリエンス」と頭の中で繰り返し、自分で自分を洗脳しています。

第3章

After Corona

不透明な明日を切り開く生き方

「諦めること」が時には大事です
「断念すること」で初めて次に進めるのです

「断念することをほんとに知っている者のみがほんとに希望することができる。何物も断念することを欲しない者は真の希望を持つこともできぬ」

これは哲学者である三木清の言葉です。

人間には努力すればできることもありますが、どんなに努力してもできないこともあります。「努力しないお前が悪い」という根性論は無意味です。僕は『あきらめない』という本も書いていますが、時には「諦めること」「断念すること」も大事なのではないかと思います。

人生は断念の連続

小さな断念をいっぱいしながら生きてきました。

子どもの頃、野球少年でした。しかし、中学の野球部ではショートで3番、それなりに自分の中では全力を尽くしました。でも、一流の選手になれないことはよくわかったので断念しました。

高校に入って、剣道部に入りました。チーム戦の5人には選ばれるようになりましたが、子ども時代から基礎を徹底的に鍛えられている剣士とは比べ物にならない自分に気がつきました。勝ちたいために小技を使って勝つのですが、堂々とした勝ち方ではないのです。高校3年間で剣道をやめました。

大学では、また野球部に入りました。キャプテンで3番、キャッチャー。このときはすでに、自分の限界がよくわかっていました。まあまあのところまでいきながら、〝これで食べていける〟とはならない、そんなふうにいつも気がつきました。

大学を卒業するときに、大学に残って同僚と医学の世界で競争したりするのは、自分には向いていないと思いました。でも、それはとても格好のよい言い訳です。大学の中で闘い抜いていく能力や、根気、気力などが自分には十分に備わっているとは思えませんでした。

医者がいなくて困っている病院・諏訪中央病院に行くことを選びました。優れた技術をもっていて指導力のあるドクターのいるこの病院ならば、自分でも努力すれば何者かになれると思ったのです。東京の生活が誰よりも好きだったのに、東京での生活を断念しました。

39歳で院長になりました。経営を黒字にしながら、あたたかないい病院を作るという〝綱渡り〟に疲れました。自分の能力を使い切りました。

院長を辞めるときは、「自分が辞めたほうが病院は発展をする」と考えました。いつも自分の能力や好みや気力を判断しながら、諦めたり断念したりしながら、小さな店じまいや大きな断捨離をして生きてきました。生きるということは諦めることと断念することの連続だと、いまは思っています。

人生には、さまざま分かれ道があります。人はどんなときも、二股に分かれた一方を選択し、もう一方を断念しているのです。あるいは、いくつにも分岐した中の一つを選択することもあります。

人間は一所懸命生きていく間に、何度も分かれ道に直面するでしょう。そんなときは、いつも前向きに選択していけばいいだけです。たとえ「間違った道を選んだな」と感じても、それを冷静に受け止められれば、今後の人生の糧となる。むしろ、間違いは何度もあったほうが、深みが増し自分自身の魅力になっていくはずです。

「断念の連続」の中の成功

僕の本に登場したことのある、元アルコール依存症のヒロさん。お金持ちの家でしたが、財産をほとんど酒でなくしました。いちばん大切な家族も失いました。進行した肺がんになって、病気と闘っています。

自粛要請が出されて、家の中でアルコールをたくさん飲む人たちが多くなったことを心配した僕は、彼に電話をしました。彼はお酒をまったく飲んでいませんでした。もう10年以上です。すごいことです。

塾の先生として生計を立てていました。道を踏み外してしまった子どもたちの面倒をとことん見続けました。たくさんの子どもたちから慕われました。

とことんへこんだ人生ですが、見方を変えれば確かに出っ張った人生を生きているように見えます。へこみは裏側から見れば出っ張りなのです。へこみはとんがりになるのです。ヒロさんの人生はとんがっています。たくさんの、かつて不良だった若者たちの兄貴分になっています。

やさしいヒロさんは、断酒会の仲間たちのことをとても心配していました。毎週集まることでなんとかアルコールを絶っていた仲間たちが、この要請中に集まれなくなり、バラバラになってまたお酒の世界に戻ってしまうのではないかと心配をしていたのです。

声を掛けられる人にはできるだけ掛けようとがんばって動いていました。病気が進行してつらいはずなのに、仲間のことをいつも心配しているヒロさんを、僕はとても尊敬しています。

コロナ時代の断念が新しい時代を開く

彼は三木清がいう「断念」をすることで、人生を進めてきました。自分の命を、ある意味「諦める」ことで、残された時間が見えてきた。すると自分にとって本当に大事なことがよりはっきりとわかってくる。そして、それが残りの人生を、精一杯生きる希望に繋がっていくのではないでしょうか。

いま、将来の夢を断念せざるをえない、人生の岐路に立っている人も多いでしょう。「なにがあっても夢を実現するんだ！」と、夢に固執することもすごく大事。でも、自分の力や努力では、どうにもならないことだってあります。

怒りや悲しみでがんじがらめになって、つらい思いを抱え続けてしまう……。

そんなときは、ふっと力を抜いて「断念をする」ことで、初めて見えてくる将来のビジョンもある、僕はそう思います。「諦める」ことで初めて新しくスタートがきれることだってあるのです。

コロナの時代、いくつもの断念があってもいいのです。

弱いけど、強い生き物、それが人間
大変だけど、おもしろい世界へ向かって……

生きることは困難の連続です。壁にぶつかることもあります。壁の前でおろおろすることもあります。暗闇の中でどちらに向かって歩き出したらいいのか、見えなくなることもあります。

人間という生き物は、とても弱い。新型コロナウイルスの出現で、世界は変わりました。たくさんの人がこのウイルスの暴走で、それまで丁寧に営んできた人生を傷つけられてしまいました。

それでも多くの人が立ち上がり、新しい人生を生き始めようとしています。コロナを超えて生きていくうえで、ヒントになるようなお話をしようと思います。

現在と未来はいくらでも変えられる

２０１７年５月、イギリス・マンチェスターのコンサート会場で自爆テロがあり、23人（自爆テロの実行犯１人を含む）が亡くなりました。胸が痛みます。

その現場に２人のホームレスが居合わせました。アメリカの人気歌手・アリアナ・グランデさんのコンサートが終わったので、会場から帰宅する人に小銭を恵んでもらおうと、出口付近にいたのです。

そこで爆発――。２人は本能的に被害者の救出に向かいました。

そのうちの１人が現地のマスコミに答えています。「そのまま立ち去ったら、自分自身を許せなかっただろう。ホームレスだからといって、心がないわけではないのです」「僕はホームレスだけど人間だ」とも語っています。いい言葉だな、と思います。この２人の行動にイギリス中から賞賛の声が集まり、たくさんの寄付が寄せられました。でも彼らは「温かい言葉とコーヒーを一杯くれれば十分なんだ」と語っています。

半面、彼らに対して批判的な人たちもいます。「立派なことをする前に、ホームレスをやめて定職に就け」とか「素人が危険な現場に駆けつけていいのか」という批判もありました。
毀誉褒貶《きよほうへん》さまざまです。でも彼らは驕《おご》ることなく、臆することなく「自分はドラッグもやったし、刑務所にも入った。だけどもう一度、人生をやり直したい」と述べているのです。

かっこいいなあ、と思います。人生、とんでもなく厳しい状況に陥っても、逆境や絶望から脱出する方法があることを、彼らが教えてくれたように思いました。それは、失敗した過去に支配されないこと——。過去は過去でしかないのです

過去はどうすることもできなくても、現在と未来は、これからどうにでも変えることができるのです。そんなふうに支配されない生き方をしたいと、僕も心から思っています。

ビジネスが変わる

動けない、歩けない、会えない。自粛要請期間は、とてもつらい時間でした。それ

だけではありません。たくさんの人が仕事を失ってしまったり、大切なパートナーと会えない間に、関係がぎくしゃくしたりした人たちもいます。あるいは、家に閉じこもっていたために、家族が仲たがいしたり、ＤＶが起きたりもしています。

時代は変わっていきます。オンコロナから、ウィズコロナ、そしてアフターコロナへと、必ず変わっていきます。

アフターコロナの世界は、戦争後の焼け野原のような荒涼とした世界が拡がっているでしょう。終戦後、焼け野原に闇市が立つようなイメージです。コロナの「染後《せんご》」は、もちろん建物は破壊されていませんし、都市機能も残っています。

でも経済や社会のシステムが大幅に変わるでしょう。仕事の仕方や世界のビジネスのシステムも変わっていくはずです。

僕の住んでいる茅野市という小さな町に、マルモという洋服屋さんがあります。店主は僕のファッションアドバイザーをしてくれています。時々、イタリアに買い出しに行くとき、僕をイメージして買ってきてくれたりします。この人にお洒落の肝を教わりました。

彼が言うには、服飾業界はこれから大変になるだろう。2か月ほど小売店が閉まってしまった。多くの小売店では、春夏商品の8割は売れ残るのではないだろうか。元々商店には体力がないので、秋冬物の注文が半減する可能性がある。そうすると今度は、メーカーのほうが立ち行《ゆ》かなくなる。人員整理が必要になるかもしれない。

以前から綱渡りをしていた業界で、季節がめぐりながらも、第2波、第3波の中で、負の連鎖が次々と起こり、とんでもなく大変なことが起きるのではないか。そのうちに、季節ごとに洋服を買っていた多くの人たちが「もう買わなくていい」という気になる。反対に、命のはかなさを知ったので、一部の人はお金をもつことよりも使うことを考えて高い買い物をしてくれそうだ。そうやって二分化をしていくのではないか、というのです。ともかく、業界全体では生き残れない人たちが出てくる可能性が強いと言いました。

静かに再スタートをきる時期が来た

ただこれからが「サイレントスタート」です。沈黙のスタートが静かに切られています。知らないうちにビヨンドコロナは始まっているのです。つらくて苦しい、不確実性の中での闘いの始まりです。そして「染領《せんりょう》」から「染後」に移っていきます。

染領はオンコロナ、まるでコロナに占領されてしまった期間。染後はアフターコロナ、まさにコロナと戦った後、戦後です。状況を客観的に見て、意識を明確にするために、造語を考えてみました。いつまでもコロナに染領されたままでいないように、という気持ちを込めました。

大変だけれど、そこにはおもしろい生き方があるはずです。これまで都市にこだわっていた若者が、地方で新しい生き方を模索するようになるかもしれません。

人間はとても強いものです。弱いけど強い人間たちが、大変だけどおもしろい世界に飛び込んでいきます。

過去はどうにもならないが、現在と未来はいくらでも変えられるのです。

必要以上に「不幸」を考えない
幸せは、きっと自分の中にある

フランスの文学者・バルザックは、「われわれは幸も不幸も大げさに考えすぎている」と語っています。人生は「自分で考えているほど幸福でもないし、かといって不幸でもない」というのです。

今回の新型コロナ禍は、確かに大いなる不幸です。でも、あとで考えると、「あれだけ怖がったのはなんだったのか?」と思える時が来るでしょう。もちろん、不幸にして命を落とさないように重々気をつけることが前提ですが、どんな出来事でも、幸と不幸、そのどちらに傾くかを決めるのは、実は自分自身なのです。

真摯に向き合うしかない

新型コロナウイルスで、経済的苦境に陥っている方も多いでしょう。また医療の最前線で治療にあたっている医療従事者たちは〝極限〟を通り越しているはずです。事実、4月にはアメリカのニューヨークで感染者の治療に当たっていた女性救急医の自殺が報じられました。出口の見えない新型コロナウイルスとの闘いで心が疲れ切って、うつ症状になってしまったのかもしれません。同じ医師として心が痛みます。

人間は緊張の糸が切れると、自分でも理解できない行動をとってしまいます。自殺未遂をした男性がいます。部長に昇進したのがストレスになったのです。自分には荷が重いと考えたのです。友人がなにかを感じました。

駆けつけた友人のおかげで一命を取り留めました。その後は精神科のお世話になりながら、彼をおおっていた不安も減って立ち直ることができました。職場の理解が得られたのです。彼の人柄がよかったことも大きかったのでしょう。部下が彼を支えようとしました。すると会社の中で彼の部署の成績が、かえって上がったのです。

「力のない上司だと下がしっかりする」と笑って話せるようになりました。彼が再生できたのは、〝自粛警察〟のような陰湿なバッシングがなかったことにもよると思います。

家庭や会社や地域において、人の足を引っ張ったり、SNS上で人をぶっ叩いたりする空気を、これからどれだけ減らしていけるかが、僕たちの国にとって大事な課題のような気がしています。すぐにゼロにはならないでしょう。少しずつ減らすことが大事なのです。

「幸福の源泉掛け流し」をイメージする

いま、新型コロナで苦境にあえぐ人の苦しみや不安は、この彼に勝るとも劣らないはず。もしかしたら誰にも言えないまま、悶々として日々を過ごしているかもしれません。でも、たとえうつ状態になっても、もしかして「死」が頭に散らつくようになっても、できるだけなに食わぬ顔をしていたいのが人間というものです。まして、真面目に仕事をしてきた人なら、余計にその意識が強いはずです。

でも、その苦しみを隠さないでほしい。命は一つしかないのです。その命を閉じてしまったら、リカバリーのチャンスは永遠に訪れないのです。

僕は、この彼の例のように、誰かに頼ってほしいと願います。友人に会えなければ、電話やメールでもいいではありませんか。正直に苦境を訴えかければ、必ず誰かが救いの手を差し伸べてくれるはずです。そして「自分を助けてくれる人がいる」と思えれば、また生きる希望が湧いてくるのではないでしょうか。

バルザックには、こんな言葉もあります。

「自らの心の中に幸福の源泉をもつその人の人生は、なんと美しいことか！」

これは〝不幸のどん底〟にいると感じている人には、残酷な言葉かもしれません。でも不幸を考えたらきりがありません。少しでも「あ、いいな」と感じたら、それを大切にすること。それを感じるのは「自分の心」なのです。

「幸福の源泉」って、いい言葉です。まるで温泉の「掛け流し」のようです。「幸福の源泉掛け流し」のような生き方ができれば、コロナなんかには負けません。

コロナ後の社会を弱肉強食にしない「強者の理論」を捨てて、働く場所の確保を

新型コロナウイルスの影響で、「存亡の危機」に瀕した企業も少なくありません。企業も大変ですが、こうした企業で仕事をしていた派遣社員や契約社員など、非正規雇用の人たちはなおのこと深刻です。

〝危機〟にこそ「弱い人」の側に立つ発想を

新型コロナウイルスは、改めて「社会の不平等」を浮き彫りにした観があります。健康面でも、社会階層が低い人ほど生活環境が劣悪なので抵抗力が弱く、感染しやすいし、治りにくいようです。また社会的、経済的に苦しくなる人が増えて、それが心身の健康を悪化させることも懸念されます。

最近の研究では、経済環境が心身の健康状態に大きく影響を与えることがわかっています。子ども時代を貧困の中で過ごした人は、うつになりやすい傾向があるともいわれています。新型ウイルスで職や住まいを失い、窮地に追い込まれて自殺率が増え、犯罪が増加するのは社会全体の不幸です。

人類の歴史は「感染症との闘いの歴史」でもあります。この新型コロナウイルスがいったん収束しても、またいつか新たな感染症が出現するでしょう。そのときに所得や教育などの格差によって、心身の健康だけでなく、生命そのものが危険にさらされないように、いまから社会的経済的な支援対策を構築しておくべきです。

格差社会はウイルスに弱い

感染爆発を起こす大きな要因に、格差社会の問題があります。シンガポールは、初期にコロナの制圧に成功しました。しかし、そのあと感染爆発を起こしてしまいました。低賃金外国人労働者の住環境があまりにもお粗末だったのです。一部屋に5、6人で生活をさせるような劣悪な環境で働かせていました。ここでクラスターが出たあと街中へ拡がっていきました。この人たちがレストランで働いたり、豪華な屋敷のメイドとして勤めていたのですから、あっという間に社会全体に拡がりました。

ニューヨーク市でも、貧困層が生活するダウンタウンで感染が拡がり、この地域でたくさんの死亡者が出ました。その感染が拡がっている地域にさえ行かなければいいというわけにはいきません。１００％隔絶した社会を作ることはできないのです。

感染に強い社会を作るためには、貧富の差を少しでも縮めておくことが、これからは大切なのです。

あたたかな社会を作ろう

新型コロナにより、企業活動の本格的回復のほうが優先されて、非正規の処遇改善にストップをかけないか心配です。総務省統計局の調査（２０１９年）では、日本の雇用者約５６６０万人のうち、正規従業員は約３５００万人。残りの約２１６０万人、全体の約４割が非正規雇用者なのです。そこには明らかな待遇格差があって、多くの非正規雇用者は賃金が安いうえ、賞与や退職金ももらえません。しかも、新型コロナの影響で、非正規雇用者は真っ先に首を切られます。これを少しでも減らさなければいけません。

今後、アフターコロナの時代に経済環境が不安定になる中で、企業や社会がどこまで非正規雇用者に〝あたたかい目〟を向けられるかが肝心なのです。

新型コロナ以降、「テレワーク」という働き方が急速に浸透しました。これはコロナ時代のいい点です。勤務場所と労働時間が限定されているのでは、意欲があっても仕事ができない人を増やすだけです。子育て中の人や親の介護をしている人が、退職を余儀なくされることは珍しくありませんでした。

期せずして「テレワーク」が、「もっと柔軟な働き方」の一端を担ったというわけです。時間と空間の制約にとらわれずに柔軟な働き方ができれば、これまで働きたくても働けなかった人も働けるようになります。

育児や介護などで働くことを諦めてしまった人を〝呼び戻す〟というのも、「働き方改革」の大きな目的の一つだったはずです。この問題をどう解決するかは、これからの社会全体の問題なのです。

大切なのは「怒り」のコントロール
ベクトルを変えれば大きな武器になる

僕はいままで、週に一度、諏訪中央病院で外来診療や回診をするほか、全国を飛び回って健康増進などの講演をしていました。その合間に雑誌の取材やテレビ、ラジオの仕事が入ります。でもコロナによって、仕事のスタイルが一変しました。

ほとんどがオンラインの仕事になりました。初めは「これで大丈夫か？」と不安でしたが、ＺＯＯＭ《ズーム》やＳｋｙｐｅ《スカイプ》を使えば、なんとかなることがわかりました。

学校が休校になった子どもたちも、手もち無沙汰の様子。そこである日、家族で「離れて繋がるコンサート」をやることになりました。東京にいる孫2人と、松本にいる孫2人が、ピアノ演奏やヴァイオリン、ギターの演奏などをしてくれ、僕たちはそれを楽しませてもらったのです。家族がゴールデンウィークに集まることはできませんでしたが、とても盛り上がりました。

「怒り」をバネにする

政府の対策が後手後手に回って、僕はついイライラしていました。感染症の専門家たちと、僕たちのような臨床医の考え方が、ずいぶん違っていることに気がついたのです。専門家たちが当初、「クラスターつぶしに成功している」とマスコミにも評価されている間も、僕は「無症状の陽性の人を見逃していると、いつか必ずしっぺ返しを食らう」と考え、専門家たちの選択に納得できませんでした。

そこで新聞や自分のラジオ番組やブログなどで、「PCR検査の拡充」と「安定した陽性者を居心地のよいところに隔離をすることが大事」と訴えかけることにしたのです。

それから「陽性者に悪いレッテルを貼らないでほしい。社会を守るために自主的に隔離を受け入れてくれる人に感謝する気持ちを忘れないでほしい」とも、呼びかけました。

「自分の思いとは違う」と、怒っていてばかりでは、解決にたどり着けません。そこで途中から、自分のブログで「いいこと探し」をしようと決めました。自分の怒りをコントロールしなければいけないと思ったのです。日本では重症者が少ないこと。死亡者が少ないこと。理由はなかなかわからないのですが、とにかくいいことだと思いました。いいデータを素直に喜ぶことにしました。

ウィズコロナからアフターコロナに向かってコロナを超えていくとき、批判や否定だけではなく、評価できることは評価し、肯定しようと思うようになりました。

怒りから始まった、介護崩壊を防ぐ活動

自粛要請が長期化する中で、みんなイライラしているのです。コロナ離婚やＤＶが多くなっています。度を越した怒りや何日も続く怒りはその人の価値を損なっていきます。

自粛要請中の５月４日、60歳の男性が、自宅アパートで、隣室の男性の息子を「うるさい」と言って刃物で腹部を刺す事件がありました。息子夫婦が子どもを連れて両

親のところに遊びにきていたのですが、その子どもの声がうるさかったのでしょう。「6秒、我慢ができたらよかったのに……」と思います。もうこれで、刺した側の人の人生が変わってしまうし、刺された側の家族も一生、心に傷が残ってしまいます。

僕は医療崩壊や介護崩壊が心配で、「風に立つライオン基金」でガウンやサージカルマスク、高機能マスクなど、最前線で足りない物品を1200万円分購入し、最前線に配りました。

市民からたくさんの募金が集まりました。5000万円近くになりました。すぐに、介護崩壊を防ぐために介護施設に医師や看護師を派遣し、感染症の対策レクチャーを行い、いざ陽性者が出たときにはリモートでサポートする活動を始めました。

この活動も、最初は政府に対する怒りから始まりました。でも途中から自分の怒りをコントロールしながら、その怒りのエネルギーを利用して、新しい運動をしようと覚悟を決めました。人類が初めて直面するウイルスとの不確実性の中での闘いに、政府も専門家も悪戦苦闘しているのだと、考えを新たにすることにしたのです。大切なのは心のコントロール、そしてベクトルの変え方なのです。

「誰かが決めたことだから」と諦めてきた「本当にそれでいいの?」と疑問をもち始めた

コロナ禍の中で、これまで社会の中にあった〝ゆがみ〟が目立ち始め、ますます拡がっているように思います。コロナ禍からコロナ後に向かう中で、そうした社会の矛盾に気づく人が増え、矛盾に対処する方策として価値観の大転換が起きるのではと僕は考えています。

社会構造の〝ゆがみ〟が噴出

21世紀はグローバル化経済が世界を席巻し、格差が著しく拡がってきた時代でした。人間社会の基礎となる情報は「GAFA」(グーグル、アマゾン、フェイスブック、アップル)などの巨大企業に握られ、経済活動はもはや彼らの力なしには立ち行かなくなっています。コロナで、この傾向はますます増加するでしょう。

世界は一握りの「スーパーエリート」と圧倒的多数の「貧困層」に分かれ、貧富の差はますます激しくなる一方です。しかも、いったん社会の歯車から外れると、なかなか這い上がれない仕組みになっています。

日本社会を考えても、電機・家電などこれまで日本を支えてきた主要産業が中国や韓国の後塵を拝すようになり、もはや世界に誇れるのは自動車産業だけ。これからの日本経済を考えたとき、世界に伍して闘っていける要素が見当たらないという有り様。「つぎはぎ」でかろうじて経済を維持する青息吐息の状態です。ますます「次の時代」が見通せなくなってきて、安穏な生活は望むべくもありません。正規労働者、非正規労働者に関わらず、将来に不安をもつ人は増えていく一方だと思います。

そんな中で、人々は「どう生きたらいいのかわからない」という絶望感に支配され、それにコロナが追い打ちをかけて、閉塞感がますます拡がっていきました。世界が膠《こう》着《ちゃく》状態に陥り、環境問題も経済問題も行き詰まりを見せていたその時期、タイミングを見計らったかのようにコロナウイルスが世界を席巻し出したのです。

“新しい文明”の幕開け

でも「ピンチはチャンスだ」と考えるようにしています。今回のコロナ禍は、不幸な事態である反面、天が与えてくれた壮大な社会実験かもしれません。

これまで僕たちは「消費経済」や、少し形骸化しつつある「民主主義」に組み込まれて、いろいろな意味で「洗脳」されて生きてきました。しかしこの間の自粛生活の中で、「待てよ」と立ち止まって考える余裕が出てきたように思います。

その結果、訪れるのが「価値大転換の時代」です。社会の矛盾が見え出したいまだから、その矛盾の構造を考え直すことで「価値大転換」を果たすことができます。そうすれば閉塞感は解消され、社会は大きく変わっていくはずと考えています。

例えば、「リモートワーク」が拡がって、多くの人が都会を脱出すれば、人間が移動する必要も減っていきます。これまでのような高級車に乗る必要もなくなり、ガソリンなどのエネルギー需要も大幅に減るでしょう。

消費電力も大きく削減されるはずです。すると、「本当に原発が必要なのか」という議論が巻き起こってきます。「原発やめろ」とは言いませんが、「少なくとも新しい原発はもういらない」という議論ができる社会が来るかもしれません。

「民主主義国家で、選挙で当選した人たちが決めたことは、もうどうすることもできない」と、僕たちは思い込まされてきました。簡単に方向を変えることができないのは重々わかっています。でも冷静に「この国はどういう姿がいいのか？」をみんなが考えるようになることが大切なのです。

アフターコロナで価値観の大転換が起こり、みんなが「正解」を求めて、いままでよりは少し立ち止まって考えるようになり、意見を表明するようになる。これはとても大切な変化を引き起こすのではないかと思います。

東京と最終的に大阪を結ぶリニア中央新幹線についても、「本当に必要なのか？」の議論が生まれる可能性があります。人々の移動が減って東海道新幹線に空席が目立つ中で、新しい新幹線が本当に必要なのか、よく考えてみるべきだと思います。現時点では、南アルプスを貫くトンネル工事で大井川水系の水の量が減るという懸念から環境保全上問題があると、静岡県知事は準備工事の許可をしていません。こんな時代にそれが必要なのか、真剣に考えていく必要があります。

「他人まかせ」はやめて、自分で考えてみる

いままでならば、「おカミが決めたことはしょうがないや」と他人まかせにしてきたものですが、コロナ禍を経て、少しずつなにかが変わり始めてきたような気がします。

もちろん、リニア新幹線計画を途中でやめることはないでしょう。しかし、こうやっていったん動きを止めて、しっかり考えていくという気運が生まれたのは、とても大事です。これを繰り返していく中で、僕たちの国は少しずつ「正解」をみんなで考え、見つけていく力を培っていくように思うのです。

防衛省のイージス・アショア計画も、突然、中止が宣言されました。北朝鮮から飛んでくるミサイルを迎撃しようという計画ですが、あまり〝役に立たないもの〟だということが明らかになったからです。でもこれまでだったら、「一度決めたことだから」と、臭いものに蓋をし、役に立たない無駄なものを買い込んで設置していたのではないかと思います。

見方を変えると、「いい動き」が出てきたといえるでしょう。せっかく計画が白紙

撤回されたのですから、これを機に「日本を守るべきミサイル防衛計画はどうあるべきなのか?」を、もっとオープンに話し合う必要があります。「この国を守るためにはどうしたらいいのか?」「この国をいい国にしていくためにはどうすればいいのか?」「この国を豊かにするためにはどうしたらいいのか?」を、考え始めるようになってきているのです。

東京オリンピックも、僕たちがビヨンドコロナを生きていくうえで必要なのか? すでに膨大な資金を投入しているので、「中止はもったいない」という意見もあります。しかし、オリンピック招致に動いた5年前が現在のような状態だったら、日本はオリンピックを招致したでしょうか? 冷静になってもう一度考えるべきです。

誰かが決めたことだからと、僕たちは諦めることが多かった。「本当にそれでいいの?」と、疑問をつぶやき始めることが大切な第一歩です。

移住するにせよ、とどまるにせよ 人生を選ぶのは、あなた自身です

今回の新型コロナウイルス禍ではっきりしたのは、「大都市の脆弱性」です。これを契機に、「都会より地方に住みたい」という意識が強くなると僕は考えています。

重大な転機が起こる

今回、政府や自治体は「対人接触率8割削減」を目標に〝外出規制〟を呼び掛けました。やはり大都市の長距離通勤や過密化が、対人接触を高めることは間違いないようです。国立情報学研究所などの調査では、「自宅からの通勤距離が2・5キロ以上ある人が全員、在宅テレワーク勤務となれば、人の移動は8割減る」そうです。2・5キロ以上の通勤距離というのは主に大都市圏。逆に地方都市では離れた職場に電車

やバスなどの公共交通機関を使って通う人は少なく、これが感染拡大防止に繋がっていたのです。

『反グローバリズム』を書いたフランスの思想家ジャック・アタリが、「人々はリモートワークの可能性に気づいた。もはや会社に近い大都市に住む必要はなくなる。より遠くに住むことが可能となろう。人々はより多くの時間を田舎や小さな町に住み働くことで過ごす」という趣旨を述べていると『信濃毎日新聞』の記事で読みました。

近年は、豊かな自然を求めて、地方への移住が人気になっていましたが、今回のコロナ禍で、「大都市よりも地方で暮らしたい」という意識はさらに強まるはずです。そしてテレワークの拡大が、この動きを後押しすることは間違いないと思います。

「都会から田園へ」がこれからの流れ

その一方で、「コロナうつ」が問題になっています。以前から、仕事がうまくいかなかったり、人間関係に悩んだりして「うつ」状態になる人は少なくありませんでした。今回のコロナ禍では経済的に追いつめられる人が増え、ますますこの傾向が強くなってくるはずです。アフターコロナの時代には、社会環境や経済構造が大きく変化していきます。不透明感が強くなって、社会全体が不安を抱えた状態が続くでしょう。

緊急事態宣言で受けたダメージが表面に出てくるのは、まだまだこれからです。経済的、精神的に追い込まれ、自ら命を縮める人が増えることも予想されます。それを防ぐために、政府も自治体も手厚い支援策を講じ、そして自分たち自身も手を差し伸べ合う必要があります。迅速で効果的な資金給付は不可欠。同時に、「心のケア」対策にも力を入れる必要があるのです。

僕は、悩んで袋小路に迷い込む人が増える前に、再出発を後押しする方策を、もっと積極的に編み出すべきだと考えています。新天地を求めての「大都会脱出」「地方への移住促進」も、その一つになるのではないでしょうか。

移住希望地探しの旅で家族の絆を深める

諏訪中央病院のハーブガーデンを運営してくれているグリーンボランティアは60数

名、その8割は遠隔地から移住してきた人たちです。「移住してきてよかったですか？」と訊くと、「よかった、よかった」と楽しそうです。

いまは全国の各自治体も「地方移住」誘致に積極的です。少し古いデータですが２０１４年に地方に移住した人は１万１７３５人。地方自治体の移住支援策の利用などもでき、最近5年間で4倍以上に増えています。長野県は地方移住の人気ランキング3年連続1位でした。静岡県、新潟県、北海道なども人気のようです。僕が住む茅野市にも観光まちづくり推進課の中に「移住推進室」があり、見学ツアーを行ったり、都内で相談会を開いたりしています。移住だけではなく雇用の問題などにも相談に乗ってくれて、２０１９年の移住は26組。移住を決意したら空き家を探してくれ、改修費用を補助してくれます。また移住希望者に一定期間貸し出す「移住体験住宅」があり、順番待ちの盛況ということも多いそうです。

地方移住というと「定年退職組」が多いように感じられますが、全国的な調査では20代から40代の働き盛りの人たちも興味をもっていることがわかります。そんな層を対象に、長野県上田市・鹿教湯《かけゆ》温泉の商工関係者や住民グループは、シングルマザーを中心にした小学生以下の子どもがいる家庭の移住をサポートし、移住体験ツアーや小学校の見学、地元の子どもたちとの交流、アパート探し、仕事探しの応援なども始めようとしています。

また島根県隠岐郡海士町《おきあまちょう》は積極的にUターンやIターン者を受け入れて新しい事業や産業を生み出していますが、〝教育が充実していないと若者が出て行ってしまう〟ので、生徒が「行きたい」、親が「行かせたい」、地域が「必要だ」と思える学校作りを試みています。

おもしろい選択をしよう

「テレワーク」は間違いなく、これからの大きな潮流になるはずです。ただし、地方経済はコロナ禍でますます疲弊しています。地元出身の人でさえ、なかなか満足な仕事を見つけられない中で、他所からきた人間が仕事を見つけるのはとても大変なことです。現在勤めている会社が、地方でのテレワークまで勤務体制を拡げてくれるのならいうことはありませんが、残念ながらそんなケースは多くないでしょう。

そこでまず、本心から移住したいのか、それとも一時の気の迷いなのかを、よくよく吟味する必要があります。そして「やはり移住したい」と思うようなら、しばらくは現在の職場で全力投球しながら、魅力的な移住地を探してみることです。

ただし、水を差すようですが、地方の生活はいいことばかりではありません。確かに、ゆったりとした時間の流れと豊かな自然を満喫できるはずです。都会では見られない濃密な人間関係も築けます。困ったときに手が差し伸べられるホットな関係を作ることができれば、心に傷を負った人も救いが得られるでしょう。

でもその半面、付き合い方が難しい。時には「お節介」と感じたりする場合もあるし、関係がギクシャクすることもあります。そんな場合、東京生活ならクールに人間関係を絶つことができますが、地方ではなかなかそうはいきません。

お祭りに参加するとか、イベント作りに協力するなどの、子どもを中心にした地域活動などを「暑苦しい」と感じずに一緒に楽しめるかどうか、それが地方で生きられるかどうかの分かれ目です。

移住するにせよ、いまのままとどまるにせよ、人生を選ぶのは、あなた自身です。

誰かのために役立ちたい――
その気持ちが人生を美しくする

新型コロナウイルスは残酷です。急激に病気が進行し、最期の言葉も残せない、突然の死が襲ってくる場合が多いのです。

コロナの死は残酷

アメリカの論文では、徐々に重症化した場合は人工呼吸器や体外式膜型人工肺（ＥＣＭＯ）につないでも、65歳以上の高齢者は97％以上が亡くなっています。医療崩壊が起きていない日本の救命率はもう少し高いです。しかし日本でも人工呼吸器につないで救命を試みても、助けられないこともあります。そのときは、最期のお別れの言葉も言えません。

コロナの死は残酷です。だから、「ニューノーマル」という新しい生活をきちっと守ってコロナを超え、早くコロナのない世界にしたいものです。

「残酷な死」という言葉で、僕は死ぬ間際まで「誰かのために」の精神を子どもたちに教え続けていた先生のことを思い出しました。この先生の死は、最後まで前向きで美しいものでした。

山口県の高校で養護教員をしていた横山智子さんです。享年40歳。6年以上にわたって「悪性胸膜中皮腫」という病気と闘い続け、最初の手術で左肺を摘出したのですが右肺に転移してしまいました。その間に脳梗塞も起こしました。再発の場合、ほとんど余命が期待できません。抗がん剤で進行を食い止めていましたが、状態は悪化する一方。「へこむよなあ!」と、僕は自分のことのように思いました。

がんと闘う身だから、つまずく子どもの心がわかる

彼女は「へこまない」人でした。僕が蓼科のホテルで健康講演会をやり、そのあと、

僕が考えた「健康にいい食材を使って、シェフが作ったディナーを食べる」という会が催されたとき、お母さんと突然、山口から泊まりがけでやって来ました。

「美味しかった。先生に会えてまた元気が出た。学校に出て、私をおちょくりにくる生徒たちと笑い転げに山口に帰ります」

こういう人でした。

彼女の学校の養護室は、なんらかの悩みを抱えていて、教室に行けない生徒たちをケアする場にもなっていました。彼女は自分が病気を抱えているから、生徒たちの〝つまずき〟がよくわかる。生徒たちも、がんと闘いながら必死に生きる先生に勇気をもらえる。そうして、道を踏み外しそうになる生徒の心の支えになっていたのです。

でもやがて頻繁に呼吸困難を起こすようになり、息をするのさえやっとになってしまった。「もう、無理」と辞表提出を相談されたとき、僕は「君はつまずきそうな子どもたちの杖。そういう姿が子どもたちに勇気を与える。自由に生きるためにも仕事は辞めないほうがいい」と激励しました。校長先生も「あなたの存在は大きいから辞めないでほしい」と言い、「子どもたちに命の授業を」と、頼んだのです。

命を削りながら書いた「命の授業」の草稿

彼女は、「つまずいてもいいから、自分自身で道を切り開いていきなさい」と生徒たちに教えていました。

僕と彼女は毎日のようにメールや手紙、携帯で連絡を取り合い、「最期の授業」の相談をしました。「10月には先生の高校で一緒に命の授業をしよう」と勇気づけたのですが、でももう彼女には体力が残されていませんでした。

それでも、呼吸困難に陥って入院した緩和ケア病棟で、「命の授業」の原稿を書き続けた彼女。「もしかして、私が子どもたちの前で話せないようなら鎌田先生、代わりをお願いします。私の思いを子どもたちに伝えてください」と、僕に希望を託しました。

「いまから最初で最後の私の命の授業を始めます」という書き出しで始まる「命の授業」は、「大切な三つの事」を生徒たちに訴えかけていました。要約してみましょう。

一つ目は「自分の命をまっとうしよう」。

横山先生は、こう書いています。

「生きとし生ける者すべてに平等に訪れるもの。それは死ぬことです。でも何歳まで生きられるかなんて誰にもわからない。だからこそ、最後の最後まで自分の命を生ききらなければなりません。たとえ死ぬほどつらいことがあっても、自らの手で終わることをしないでほしい。また自分の命が大切なように、ほかの人にとっても命は大切。他人の命を傷つけたり、追い込んだりしてはいけない。簡単に『死ね』なんていう言葉は使ってほしくない」


二つ目は、「毎日を感謝しよう」。

私たちは普通に歩けること、学校に行けること、話せること、食事ができること、夜、眠れることを『あたりまえ』と思うけれど、いざ病気になってみると、それらが全然「あたりまえではないことに気づかされる。「ささいなことにも感謝して『あたりまえ』に過ごす」ことの大切さについて語っています。

三つ目は「少しでもいいから他人のためになることをしよう」です。

「自分は自分だけの力で生きているのではないことがわかれば、支えてくれる周りに感謝の心をもち、自分もお返しをしなくちゃ！　と思えるようになるかも知れません。そうなったら、しめたもの！　人生はどんどんどんどんよくなっていくと思います」

と記され、そして手紙の最後は、こう結ばれています。

「皆さんのこれからの時間が、もっともっと輝きますように……。近くで成長を見守れないのがとても残念ですが、心の底から、いつまでも応援しています」

急速に落ちていく命の砂時計

彼女が亡くなったあと、宛名の書かれていない一通の手紙が残されていました。

「今夜も深くて長い病室での夜が続いています。（中略）いままで〝あたりまえ〟とか〝普通〟と思って過ごしてきたことが、本当はとても貴重でかけがえのないものだったことに改めて気づかされます。でも考えてみれば6年前、『悪性胸膜中皮腫』と診断されたときから、いつかは来るときだったのですね。それを思えば私は6年以上の

〝時間〟を生かされてきたのだと思います」

彼女は僕の来訪を待ちわびていました。

「でも、そんな先のことを語れる時間が、私にはもう残っているとは思えません。いま、急速に落ちていく生命の砂時計を前に、両手一杯に砂をつかみ、なんとかして砂を加えようともがいていますが、その指のすき間から砂がこぼれてしまっている」

……悲痛な叫びです。横山さんは精一杯がんばりました。再発から6年以上も生きるという〝奇跡〟は、生徒への熱い思いと「自分が役立っている」という意識がもたらしたものです。

「自分が役立っている」の気持ちが生んだ生命力

横山さんが亡くなったあと数か月して、僕は山口県に講演に行きました。彼女ができなかった「命の授業」を伝えるためです。子どもたちだけではありませんでした。彼女に関係するたくさんの人たちが体育館に集まりました。

「命の授業」は、涙と笑いで溢れました。自分のことを「昼間の便所の100ワット」

と笑いながら言い、〝無駄な明るさ〟と自らを笑いのネタにしていた彼女。とても勇気がいることです。自分を笑いの対象にしながら、たくさんの子どもたちと心で繋がっていました。体育館の会場でそれを感じました。みんな、彼女のことが好きだったのです。

校長先生をはじめとして学校の先生、家族、親戚、地域の人、そして子どもたち。一人の人間が丁寧に生きることによって、そこに見事な連帯感が生み出されていたのです。「誰かを助けよう」と思う彼女の気持ちが、共感の始まりだったように思います。「命の授業」を果たせなかったのは、さぞかし心残りだったでしょう。僕は最後まで自分の意思を大事にし続けようとした〝気高いジャンヌ・ダルク〟の、天国での活躍を、いまでも祈っています。

自分の悩みばかり考えていると苦しくなる心を愛で溢れさせ、悪いものを入り込ませるな

右はチベットの国家元首でチベット仏教の最高指導者、ダライ・ラマ14世の言葉です。コロナ禍で社会がギスギスしているいまほど、この言葉の意味を噛み締めてみるべきではないでしょうか。

ダライ・ラマ14世は、中華人民共和国解放軍が侵攻してきた結果、迫害を避けてインドに逃れました。そのときダライ・ラマ14世と行動をともにした信徒は10万人ともいわれ、チベットの国家元首として、また世界中に散らばるチベット民族の政治・宗教両面の指導的地位にもあります。中国の武力で故国を追われながら、決して暴力に訴えようとせず、徹底的な「愛と寛容」の精神で、チベット解放運動を指導しています。

感謝の言葉を唱えて、心を愛で溢れさせよう！

「他人を思いやって行動するとき、よい方向に向かいます。なぜなら心が愛で溢れ、悪いものが入り込む余地がないからです」

ダライ・ラマの言葉は直球勝負です。コロナ禍のさなかにあった時期、スーパーの店員さんや宅配業者の人が、イライラした客に怒鳴られて「心が折れそうになっている」という報道に接しました。スーパーでは開店前から行列ができ、レジの対応が遅いと、「なにをモタモタしてるんだ！」と怒鳴られる。宅配業者は配達量が激増して勤務時間が長くなるだけでなく、不特定多数との接触が避けられない。しかもせっかく届けたのに、「汚い手で触るな」という顔をされて悲しくなったなどの声もあります。

清掃に当たる人たちは無造作に捨てられた使用済みマスクを手で分別しなければなりません。みんな、大きな〝感染リスク〟を背負って働いている。そのおかげで僕たちは生活ができているのです。

少しでもその姿を想像すれば、自分の怒りを彼らにぶつけるのが恥ずかしくなるはずです。それどころか、感謝の気持ちが湧いてくるでしょう。例えば「ありがとう」

と口に出して感謝を伝えるのです。それが彼らを支え、回り回って自分自身を支えることにつながります。僕は宅配便の人たちに「ごくろうさま」と言って、用意しておいたおやつを渡すようにしました。するとなんとなくいい空気が流れるようになり、悪い心が隠れてしまいました。

「グラシアス（ありがとう）」が世界を救う

自分の悩みにばかりこだわっていると、疲れてきます、苦しくなります。時には寂しくなったり、悲しくなったりします。そんなとき、他人のことを考えてみるといいのです。僕たちは、人と人との関係の中で生きています。ここから友情が生まれたり、慈しみが生まれたり、愛が生まれたりするのです。

感染爆発を起こしたスペインでは、毎晩8時になると、多くの人々がベランダや窓から病院の方向に向かって「グラシアス（ありがとう）」と叫び、拍手を送ったそうです。すると病院の窓には「みんな、頑張ろうね」の返礼の文字が出されたり、手を振って励まし合ったりしたといいます。

地域によっては歌声が響きました。社会的な距離を守りながらでも工夫をすれば、感謝をしたり、励まし合ったりすることができるのです。一人ひとりの心の中に悪いものを入り込ませないためには、心を愛で溢れさせることが大事なのです。

でも、と僕は思います。それは、これが当たり前の光景になってほしいということ。珍しいから取り上げられる「美談」でとどめてしまってはいけないのです。

日本でも、物流従事者がお客さんからマスクをプレゼントされたり、子どもたちから感謝の手紙をもらったりという例が増えてきました。これは彼らの励みになるでしょう。

2020年の長野県白樺湖の花火大会は中止になりました。しかし、「花火の夕べ」は行うというのです。地域でがんばっている医療従事者に感謝しようという花火大会が行われることになりました。もちろん、地元の人も観光客も見るのですが、諏訪中央病院の医師や看護師たちにも招待状が送られてきました。

食べ物や飲み物が振る舞われるわけではありません。花火が眺望できるホテルの部屋を10室ほど開放してくれて、病院の職員に家族が密にならないようにして見ることのできる観覧席を用意してくれたのです。病院の職員は喜びました。

こういうことがあると、地域のために命がけで闘おうという気が再び起きてきます。ありがたいことです。

第4章

Beyond Corona

コロナを超えて「新しい人間」を目指す

コロナ禍の教訓を「新しい世界」の糧にしよう

コロナ禍は、僕たちから自由を奪ってしまいました。健康面、経済面、そして意識の面でも……。でも「ビヨンドコロナ」の社会では、奪われた自由をもう一度取り戻す活動が急務になります。ただしそこでは、コロナ以前の社会に戻るのではなく、「どうやって新しい自由を確立していくか」が焦点になるように思います。

カミュの『ペスト』から何を学ぶか?

今回のコロナ禍も、いつか必ず終息するはずです。でもその渦中にいる僕たちは、それがいつなのかがわからない。未来が見えないから、恐怖心が増すのです。

そんな意識の反映でしょうか、アルベール・カミュの『ペスト』がよく読まれています。伝染病のペストをモチーフに、翻弄される人間の心理や変化、人間性を描写した作品で、コロナ禍にさらされる現代社会がオーバーラップします。

カミュは「不条理の作家」といわれています。彼のいう「不条理」とは、一見、秩序正しく動いている世界に突然襲ってくる〝災厄〟のこと。それは戦争や天災であり、またペストのような疫病です。カミュの作品には、「そんな運命と闘っても勝てない」と、流れに身をまかせる人間も登場します。この行き着くところは自殺やニヒリズムですが、人間もそんな「不条理」を抱えた存在だというのが、カミュの哲学です。

危機対応の鈍さは、いつの時代も変わらない

『ペスト』には、21世紀のいま起こっているのと同じような事件が、たくさん描写されています。舞台は、カミュが生まれ育った北アフリカのアルジェリア。そのある町をペストが襲います。

物語の始まりは、「死んだ一匹のネズミ」です。やがて死者が出始め、主人公の医師がペストと断定し、町はパニックになって死者の数は増える一方。行政当局は当初、

とても楽観的でしたが、この認識の甘さが、驚くほどの勢いで感染を拡大させていく原因になるのです。そして町は外部と完全に遮断され、市民の精神状態は不安定になっていきます……。まるでいまのコロナ騒動を見ているようです。

また「アルコールは伝染病を予防する」という無責任な話が流布したり、「不測の感染を予防するために、みんながハッカのドロップをしゃぶるのでそれが薬屋から姿を消してしまった」などというエピソードには、「最近もどこかで同じような話を聞いたな」という気になります。

新型コロナウイルスのＰＣＲ検査態勢が問題になっていますが、検査を抑えたい医療行政と、検査を望む人たちの双方が対立するシーンも登場します。ある人物が恋人に会いたいために封鎖された街を抜け出す目的で、医師に「病気にかかっていないという証明書を書いてもらいたい」と頼むのです。

でも医師は拒否します。理由は「この診療室から外に出てどこで感染するか、私にはわからない」から。そして「同じような依頼をしてくる人がたくさんいるけれど、その人たち全員を外に出すわけにはいかない」と断言するのです。

この医師の姿勢は、パンデミックを防ぐために、社会全体がじっと我慢していたのと同じものです。

沈静化はしても、決して終わったわけではない

やがてペストは、突然潮が退いたように終息します。社会生活は元の姿を取り戻し、人々は歓喜し、乾杯の盃を交わします。新型コロナウイルスもそうあってほしいと願うのですが、でもカミュはここで「油断してはいけない」と警告しています。

「ペスト菌は決して消滅することはなく生き延び、いつか人間に不幸と教訓をもたらすために、どこかの幸福な都市に彼らを死なせに現れるだろう」というのが物語の締めくくり。

その通りです。新型コロナウイルスの影響がいつ軽微になるのかは、まったくわからない。第2波、予想される第3波襲来にも備えなければならないし、それどころか、また変異したウイルスやまったく未知のウイルスが、いつ人間を襲わないとも限りま

せん。決して浮かれているわけにはいかないのです。

『ペスト』で描写された人間心理は、現代にも通じると僕は思います。戦争でも、災害でも今回のコロナウイルス禍でも、未曾有の災害に襲われながら、通り過ぎると何事もなかったようにまた前の生活に戻ろうとする。〝嫌なことは早く忘れてしまいたい〟のが人間の心理というものですが、それではまた次の災厄が襲ってきたときにも、同じように右往左往するだけです。それを見越したかのように、カミュはこう記しています。

「ひっきりなしに自分で警戒していなければ、うっかりして、ほかのものの顔に息を吹きかけて病毒をくっつけちまうようなことになる。健康とか無傷とか、清浄などというものは意志の結果で、しかもその意志は決してゆるめてはならないのだ」

〝意志という手綱〟をゆるめてしまったら元の木阿弥《もくあみ》。なんら教訓を得ることもできません。不条理な出来事が人間たちを襲っても、その不条理な運命から目をそむけないで見つめ続ければそれが「教訓」を生むと、カミュは語っているように思えます。

危機から得た「教訓」を新しい社会に生かそう

では、現代の僕たちが得るべき「教訓」とは、どんなものでしょう？　それは、世界の人たち全員が「地球市民」であるという自覚に目覚めることだと思います。今回のコロナ禍は、国境を軽々と越えていきました。それに対抗するためには、僕たち一人ひとりが、国家や地域という枠を越えて地球規模で連帯する必要があるのです。それは、今回のコロナ禍が「全世界への脅威」だと認識し、人類共通の敵に対して「将来の危機に対するモデル」を構築していくことです。

時間はかかっても徐々にこの意識が拡がっていけば、いま地球全体を悩ませている気候変動や資源の枯渇問題といった解決困難な問題に対しても、世界中が「協力して話し合おう」という機運に繋がっていくかもしれません。

「そんなに甘くはないぞ」という虚無的な声が聞こえてきそうです。でも負けません。負けるわけにはいかないのです。

スローライフもいいけれど「スルーライフ」は必殺技

いまやスマートフォンやパソコンをもつ人で、ＳＮＳサービスを利用しない人はほとんどいません。相手と直接、顔を合わせなくても連絡し合えるし、知らない人とも交流ができ、「人間関係が拡がる」というのが人気の秘密です。

しかし、負の側面があるのを忘れてはいけません。新型コロナウイルス騒動の際、「あそこは休業していない」「居酒屋なのに夜遅くまで営業している」などと、〝掟破り〟を取り締まって歩いた「自粛警察」も、あるいは「あそこから感染者が出たから」と〝村八分〟を煽ったのも、情報源はＳＮＳではないかと思います。

いまこそスローライフ

僕は、ビヨンドコロナの時代に、人間が人間らしく生きていくためには、「リアル」が大事だと考えています。

人間同士の愛情や友情、信頼関係や助け合いの気持ちなどは、顔を見せ合って相手と呼吸を合わせ、気持ちを共有することから生まれやすいと思っています。だから新型コロナウイルスをぶっ飛ばして、早く握手や抱き締めることができるリアルな世界が戻ってきてほしいものです。恋がしづらくなったら、人生はつまらなくなってしまいそうです。

リアルな自然との繋がりも大事です。SNSで伝えられる風景がいくらきれいでも、それは実物ではありません。人間らしく生きるためには自然の中に身を置いて、光や香りを実感することが大事です。

コロナ以前にも「スローライフ」が叫ばれてきましたが、いまこそそれが必要なのです。人と自然の繋がり、そこに目覚める必要があります。ビヨンドコロナは、間違いなくそういう時代になっていくと思います。

スローライフで忘れてはいけないのは、「人と自然」の繋がりだけではなく、「人と人」との繋がり、「体と心」の繋がりです。

この三つの繋がりは、家族や友人を含め、周囲の人間関係をもう一度振り返るきっかけを与えてくれます。すると「自分が守ってあげたい人は誰か」を見つめ直すことができます。

例えば、少ししんどそうにしている友人がいたら、すぐに駆けつけて、声をかけてあげられるかどうか……。

ＳＮＳは確かに便利で、すぐに相手と連絡できる「速さ」という利点があります。しかし「速い」だけで内実を伴わなければ、かえって弊害が生まれます。そこで〝あえてゆっくり生きる〟ことを試してみましょう。即断即決はやめて、「少しゆっくり考えてみよう」と、「スロー」を意識すれば、「速さ」では得られない大事なものが見えてくるはずです。

「スルーライフ」という生き方

もう一つのキーワードは「スルー」です。ＳＮＳでは「即レス」（即時のレスポンス）が求められますが、判断がつかない場合は、あえて「これに関してはスルー」という感覚をもつこと。思わぬ失敗が防げます。

例えば〝スマホ依存症〟の人なら、仮に「スマホを見ない半日」を作って、少しでも時間があったら本を読む。

スマホが手放せずいつも眺めていると、その情報にとらわれ、いつしか「本当に正しいもの」がなにかわからなくなります。目の前にごく当たり前にあるスマホやメディアをいったんスルーしてみると、自分自身の意識が解き放たれ、感覚を研ぎ澄ます訓練になります。

「忖度」をスルーすることも大事です。

現代人は「空気を読む」ことを強いられ、「時代や空気を読むことが成功の秘訣」とされています。これが大事な場合もありますが、半面、ストレスがたまるし、忖度のし過ぎで墓穴を掘ることもあります。そこでときどき忖度し過ぎないようにスルーしてみたらいかがでしょうか。

自粛警察やマスク警察、さらに消毒警察まで出現してきました。ぐじゃぐじゃ言う人がときどきいます。こんなときこそ、スルーライフが最高です。

ビヨンドコロナの時代は、情報に流されず、また真に大事な真理を見失わないために、自分流のスローとスルーの方法を編み出して生きていきましょう。

コロナ後の世界にこそ求められる「バリデーション」という考え方

「バリデーション」とは、認知症の分野で、世界的に注目されているケアの手法です。僕自身の生き方ではいつもこの手法を使っています。バリデーションにこだわって生きてきました。コロナの時代のいまこそ、バリデーションの考え方で生き抜けると、僕は思っています。

相手のバリューをそのまま認める

認知症の人は記憶の部分は欠け落ちていきますが、「うれしい」「悲しい」などの人間らしい感情は残ります。「バリデーション」は、そんな認知症患者さんの「悲しみ」「怒り」「恐れ」「不安」などの感情に対して向き合い〝共感すること〟を軸とした、コミュニケーションの手法なのです。

「バリデーション」という言葉の由来は「バリュー（価値）」。つまり相手の価値を認めること。「認知症だからもうだめ」ではなく、「価値ある人」として敬意をもって対応する。すると、暴力や迷惑行為を起こす傾向のある認知症の方でも、とても穏やかになって問題行動を防ぐことができるのです。

実はこれは、ウィズコロナ後の世界にぴったりな行動指標。

コロナによって多くのものが分断されました。世界ではより強く保護主義に走る国もあり、現にアメリカと中国は対立しています。アメリカとブラジルでは「自分ファースト」のポピュリズムが横行しています。中国の覇権主義も目立ってきています。

社会の分断によって、個人は直接会うこともできず、SNSなどでは意見の違う相手を攻撃し合うことが多くなっていくかもしれません。

まず、社会の最小単位である家族が、仲よく互いを敬って暮らしていくことが、社会全体を穏やかにしていくことにつながるのではないかと考えています。コロナ自粛で関係性が問い直された家族で、このバリデーションをぜひ試してみてください。

「五つの技法」が家族関係や組織を円滑に

「バリデーション」の具体的な技法とは「傾聴する」「共感する」「誘導しない」「受容する」「ごまかさない」の五つ。

「傾聴する」は、例えば夫婦間にも応用できますが、とくに親子で「子どもだから」と一方的に押しつけたりせず、相手の希望を汲み取るようにすれば、子どもはのびのび育ちます。また、まず傾聴してから自分の意見を言えば、相手も聞く耳をもつようになり、親子の信頼感は強まるでしょう。

「共感する」では夫婦、とくに夫が妻に、家事の大変さや子育ての苦労を気遣い、いたわります。共感し合える関係は、互いを敬える関係です。

「誘導しない」も重要です。人間は自分の意思に反して誘導されると反発します。よく話し合って納得できる関係を作りたいものです。

それはそのまま「受容する」ことに繋がります。親子でも、親が子どもの意見をすぐ却下せずに、いったん受け入れたあとに「それなら、こうしたらどう?」などと水を向ければ円滑にいくでしょう。親は気がついていませんが、子どものほうが結構「仕方がない親だけど、まあいいか」なんて受容してくれているように思います。僕と、2人の子どもの関係なんて、まさに受容していただいています。

最後は「ごまかさない」ということ。人間関係の基本です。たとえ一時はごまかしでしのげたとしてもすぐに露見したり、やがて取り返しのつかない事態を招きかねません。

この五つの技法を取り入れて自分たちの生活を見直し、まずは身近な人を「価値ある人」と認める習慣をつけませんか。きっといま以上に、素敵な人間関係が生まれるはずです。

バリデーションの中で育った人間は、バランスのいい人間になっていきます。しかも自信をもっているので、壁を突破する力があります。共感させる力があることでリーダーとなり、大きなことを成すことができるようになります。

ビヨンドコロナの中で、「新しい人間」が生まれてきて、日本が魅力的でおもしろい国になることを期待しています。コロナ後はチャンスが溢れているはずです。

世界がセチガラくなってきた これからの社会に必要な「優しさ」について

重い心臓病を抱えて「余命わずか」と宣告されたベトナム人留学生がいました。オーバーステイの身で保険にも入っていないので、高額な医療費などとても工面できません。一度は手術を諦めました。でも東京都港区の済生会中央病院の医師や支援者たちが「放ってはおけない」と立ち上がって手術を受けられることになり、無事退院してベトナムに帰国することができたのです。

〝あったか〟な医療

彼を支援する団体が「私の心臓を息子のために使ってほしい」と涙ながらに訴える父親の映像をフェイスブックに投稿したところ、励ましの声が寄せられ、それに後押しされるように、病院側は「お金のことはなんとかするから」と手術に踏み切りました。しかもペースメーカーを入れる際には、帰国後の電池交換に備え、ベトナムでも手に入るタイプを選んだほか、退院に当たって彼は病院から約3か月分の薬を手渡されました。これらの治療費約600万円分は、全額病院側が負担したのです。

「心の崩壊」が叫ばれる中で、これほど真摯に患者のケアをする姿勢……。医療というのは本来そういうものです。それを改めて感じ、同じ医師としてとても誇らしく思いました。

病院がワンチームになった

この10年ほど、国の財政問題がある中で、医療費の伸びを抑えるために、病院医療への締め付けが強まっていました。でもそんな環境でも、総力をあげてコロナと闘う医療機関がいくつもあります。

僕の母校・東京医科歯科大学もその一つです。医科歯科大では数億円をかけて集中治療室を改修し、コロナ患者専用にしました。20室あった手術室のうち17を閉鎖し、残りの3室で緊急手術を行う態勢にしました。病院前にテントを設置し、入院する患者さんたちのＰＣＲ検査を行って、院内感染を防ぐ水際作戦を取っています。

病棟も再編しました。ＩＣＵを含め四つの病棟で、陽性者を診察できるようにしました。さらに一病棟は、疑いのある患者さんを個室で管理できるようにしました。陽性の人と陰性の人が混在している可能性があるため、いちばん神経を使っています。体外式膜型人工肺（ＥＣＭＯ）や人工呼吸器を装着する患者さんなど、重症患者が中心です。

お金には代えられないなにかがある

重症患者さんの治療は救急科を中心に循環器内科や外科がチームを作りました。中等症の患者さんには、呼吸器内科を中心にした内科全般が治療に当たっています。集中治療部はシステム構築を担い、麻酔科や手術部は人工呼吸器につなぐための気管挿管や治癒に近づいたときの抜管の責任を負っています。さらに精神科は、コロナの中で働き続ける医師や看護師、メディカルエンジニアたちが不安神経症やうつなどを発症しないように、精神的なサポートをしています。また緩和ケアの医師は、患者さんに面会できず不安になっているご家族に説明する役割を担い出しました。

毎月、10億円以上の赤字を覚悟のうえで、コロナによる医療崩壊を起こさないための最大の準備をしていました。

総力戦です。医科歯科大学は、もともととんがっているドクターが多く、自分の専門にのめり込んでいくという医師が多かったように思います。自分の研究第一主義の医師が、いまは一丸となっています。こんな医科歯科大学を見たことがありません。テレビ番組でも何度も取り上げられました。卒業生の一人として、とても誇らしく思います。

感染者の体と心を支える

もう一つ、感動したことがあります。リハビリの専門医や理学療法士の取り組みです。人工呼吸器をつけた重症患者さんに座位姿勢をとらせて背中をタッピングしたり、関節可動域の訓練をしたりしています。退院後に社会復帰しやすくさせるためです。

中等症の患者さんには、リモートで指示しながら、スクワットやかかと落としなどの軽い運動をしてもらっていました。

新型コロナウイルスは、血管に炎症を起こし、血栓を作りやすいことが欧米の多数の論文で報告されています。医科歯科大学でも、2人の患者さんが肺塞栓を起こしたことを受け、リハビリなどの軽い運動をするようになったと聞きました。

医療が優しさを取り戻すとき

僕も協力したいと思い、さだまさしさんに力を貸してもらいました。鎌田式スクワットとかかと落としのDVDを手作りで制作したのです。贅沢にも、さだまさしさんがコロナと闘う人に向けて「いのちの理由」という曲を、ギターの弾き語りで歌ってくれるという〝おまけ〟つきです。

患者さんからは「こんなに気にかけてもらって、気持ちが前向きになった」と、喜びの声がたくさん届きました。

医療が優しさを取り戻しているように思いました。医者になって46年、「優しくなければ医療じゃない」と考えて、医療の世界で生きてきました。25年ほど前『医療がやさしさをとりもどすとき』（医歯薬出版）という本を書きました。ずっと僕の課題でした。コロナ禍の中で、医療や介護が優しさを取り戻していると思います。

コロナ後も、それがずっと続くようにしたい。医療や介護だけではなくすべての領域で、コロナ禍の苦しい経験を通じて、あらゆる会社や組織や地域が優しさを取り戻すことを願っています。

僕たちの世界は「自分ファースト」とか、過酷な競争主義が拡がっています。ほんの一握りの人たちが巨万の富をもち、国際社会では格差が拡大し、なにか大切なことを忘れ始めていました。人々はお金に支配されていたようで、世の中がセチガラくなっていたように思います。そんな社会に戻るのではなく、その分、組織や一人ひとりが世界や社会の役に立っている存在として生きていけるような社会、それが、ビヨンドコロナの目指すべき目標です。

これからの社会はますます、優しさが大切にされる社会になるのではないかと予想しています。そうありたい、そうしたいと、強く熱望しています。

「競争」から「協働」へ ある商店街の試みに学ぶ

埼玉県秩父《ちちぶ》市に「みやのかわ」という商店街があります。「空き店舗がない」ほど市民から愛されていて、2代目、3代目の後継者が続々誕生しています。

名物の「秩父夜祭り」にヒントを得て、夜間に開催する「ナイトバザール」などが評判を呼んでいます。また、イベントには浅草のサンバチームを呼びました。交通費だけで謝礼なしなのですが、サンバチームは「練習に役立つ」といい、ウィンウィンのいい関係を作っているようです。

奇跡の商店街

ご多分に洩れず、新型コロナの感染拡大でこの商店街も厳しい状況に追い込まれました。そこで商店街のリーダー役・島田憲一さんが音頭をとって、週でもっともお客が少ない火曜日に、交代で食堂を決めて、そこにワンコイン弁当を置くようにしたところ、これが売り切れ続出の大人気です。万が一、売れ残りそうだと聞くと商店街のみんなが家族を連れて、この弁当を食べに集まるのです。大繁盛です。

それは、商店街の人たちが、地域のお祭りを支え、消防団の中心的役割を果たしたり、子どもたちへの「声かけ運動」をしたりして、地域に役立つ活動を続けてきたからです。商店主たちが介護施設に出向いて、商品を玄関先に並べ、お年寄りたちに現物を見て買ってもらうという出張販売活動もしてきました。自分のことだけでなく、〝みんなで一緒に〟の姿勢があったからです。お目にかかったとき島田さんは「競争する商店街から協働する商店街に変わり出した」と語ってくれました。

ビヨンドコロナの時代に求められるのは、まさにこの「『競争』から『協働』へ」の精神です。時代は必ずその方向に転換をしていくはず。みんながその意識で動くことが、新しい時代を開く鍵になると思います。

カマタ流3K……「きつい」けれど「感謝される」「かっこいい」

商店街も消防団も、子どもたちへの声かけ運動も、みんな、厳しくてきつい活動です。でも、「きつい」けれど「感謝される」のです。そのうえ、島田さんたちがやっている『競争』から『協働』へ」の商店街というのは、哲学があって「かっこいい」。

今回の新型コロナ第1波では「医療崩壊」や「介護崩壊」が叫ばれながら、ギリギリ免れることができました。それは、医療や介護に従事する人たちが、「誰かの役に立つ」という大きな使命感をもち続けてくれたからだと思います。

でも、新型コロナ感染の最前線で頑張ってきた彼らの待遇は、決して恵まれているとはいえません。医療や介護は24時間体制なので、深夜勤務も始終です。

彼らを支えるのは、「あなたのおかげ」という言葉です。国や社会は、この言葉だけでなく、実体面で彼らの働きに応えていかなければなりません。時間はかかるにしても、働く人が健康を害さず働くことが楽しくなる業種になるようにする。その恩恵を受けている我々一人ひとりが、きちんと考えていくことが、ますます大事になってくるのです。

「どうしても現場で働かなければならない」人への処遇も、考えていかなければなりません。僕が関わる医療や介護の世界、そして交通や物流に従事する人たちは、「きつい」「きたない」「危険」の「3K」職種と呼ばれてきました。

でも僕は、あえて「カマタ流3K」を提唱しています。「きつい」けれど「感謝される」そして「かっこいい」です。

コロナと闘うオンコロナのとき、医療崩壊や介護崩壊をきたしたイタリアやスペイン、イギリスなどは、とてもたくさんの死者や重症者を出しました。そんな中で、日本の医療者や介護者たちの姿は、美しいと思っています。カマタ流3Kそのものです。

競争する商店街から協働する商店街を目指している秩父市の商店街のオジさんたちは本当にかっこいいです。コロナを超えて、カマタ流3Kが拡がり出しています。

監視社会も支配されるのもまっぴら 自主的に自粛ができる国は素敵だ

自粛中の「正しさ」は多様でいい

危機にあるときこそ、人間の〝器量〟が試されます。終わりが見えない中で、人間は不安に襲われてしまいます。なんとか新型コロナウイルスに打ち勝ちたいと思い、焦りが生じます。

政府が「人との接触8割減の自粛生活を」といっても、一人ひとり受け止め方は違いました。自分が考えている自粛生活をしない人を見ると、「これでは目標達成ができない」「これじゃあ自分のためにもその人のためにもいいことじゃない」と思い込み、ついつい正義をふりかざしてしまうのです。

8割減の自粛ということは、つまり2割は完全な隔離ではないことが許されているのです。人によってはその2割を使って、友人とおしゃべりのない散歩にでかけたりします。人によってはどうしても、飲み屋に行きたくなってしまうでしょう。

そのとき、できたらオープンエアのお店などを見つけて行く。そうすれば、上手な2割の使い方になり、ストレスを発散しながら自粛を守っていることになります。飲んだり食べたりする際は、おしゃべりをしない。そうすれば感染したり、させたりするリスクはかなり低くなります。「正しさ」は一つではないはずです。いくつもの正しさがあるはずです。そのことを忘れないようにしたいと思っています。

「正しさ」をふりかざすと社会が窒息する

これと対極にあるのが「正義」をふりかざす人たちの狭量さです。コロナ禍の負の側面は「正しさ」を強調する人が増えたこと。特に「自粛要請」以後、「若者が飲み歩くからいけない」「重症者を発生させる原因になるという自覚が足りない」などという声が、SNSを中心に急速に拡がりました。

これ自体は間違いではありません。他人との接触を抑え、感染爆発を防ぐための自粛要請なのですから。でも発言が次第に感情的になっていき、意に添わない発言者を吊るし上げるようになると、それを容認するわけにはいきません。

飲食店が「午後8時閉店」を要請されたのを受け、それをチェックする「自粛警察」まで出現しました。そして閉店時間を守らない店を見つけると「早く閉店しろ」という張り紙を貼ったり、「ルール違反だから取り締まれ」と警察に電話をしたりする……。行動はどんどん先鋭化し、中には脅迫まがいの言葉も飛び出しました。そしてその一方で、「県外ナンバーの車」や医療従事者や運送業者の家族を〝差別〟するのです。

憎しみと同調圧力は表裏一体

僕にはこれが「正しさ」という言葉に名を借りた〝鬱憤ばらし〟だとしか思えません。おそらく「自粛警察」の人たちは、感情のコントロールが利かなくなっているのでしょう。

「正しさ」を押し付ける側は気分がいいでしょう。自粛警察になった人自体、ストレスに抑圧され無理な緊張が爆発したのだと思います。「怒り」を増幅させ、「憎しみ」を生み出しているのです。憎しみは社会を悪いサイクルに導いてしまいます。万が一、相手を滅ぼすことができても、同時に自分も滅んでいくことが多いのです。

もう一つが〝同調圧力〟を加速させること。日本社会はただでさえ同調圧力が強いといわれていますが、自粛要請があってもルールを守りながら営業を続けている人たちを「非国民」扱いすることは、異端を認めない空気を生み出し、社会全体を一色に染めていくことに繋がります。

実は「憎しみ」と「同調圧力」は表裏一体です。大勢に順応しない人が憎しみの対象となり、憎しみを向けられるのが怖いので人々は同調を許容してしまうのです。ヒトラーのナチスがそうでした。人々は国家権力の思うままに操られていきました。

洗脳社会は嫌だ

不要不急の外出は控えよ、医療崩壊を防ぐために病院通いは最小限に……。どれももっともなのですが、ではいつまで我慢したらよいのか。みんな「誰か、決めてくれ！」

と頼んでいるような気がしてなりませんでした。「決めてくれれば従います」と言っているようで、「意思」というものが感じられなかったのです。

でも中国のように国家に支配されたり、感染予防の理由で監視社会にされたくはないと、多くの日本人は思っていると思います。

テレビは怖いなと思いました。毎日、朝昼晩とワイドショーやニュースで、同じ顔ぶれの専門家が「社会的距離」とか「三密」とか「ニューノーマル」などを語り続けます。まるで国民を洗脳しているようです。当初は「37・5度以上、4日間」ということを、何度も、何度も聞かされました。臨床医の僕からすれば「おかしな話だな」と思いました。「37・3度あるいは37・4度」と「37・5度」にほとんど違いはない。そして発熱があっても、4日は様子を見て我慢しなければなりませんでした。インフルエンザなら、早く診断して抗インフルエンザ薬を飲むほうが、効果が高いのは学問的にはっきりしています。

やがて、新型コロナウイルスの姿がだんだんわかってきました。人に感染するのは、発症前の2日間と、発症後の2日間です。本当はここで感染させているのです。

臨床医の僕からすると、4日も待たず早く診察をしてPCR検査を行い、早期診断することが大事です。「夜の街」、いわゆるホストクラブやキャバクラなど、クラスターが発生しやすい空間で出たときは、無料でPCR検査が受けられるようにすることで感染爆発を防ぐことができます。同時に、この業界で働く人たちの仕事も「安心の職場」になっていきます。長い目で見ればお客さんも増えるはずです。

緩いけれど理にかなった自粛が理想

新しい感染症を防ぐ「正しさ」の根拠はどこにあるのか？　国民全員が政府や専門家の要請を〝忖度〟し、息を潜めるようにして暮らすことだけが、本当に正しいことでしょうか。

日本が緊急事態宣言を出した数日前、感染症のピークは通り過ぎていたという推測データが出ています。本当に緊急事態宣言が必要だったかどうかは、難しい判断だったと思います。少なくとも東北のいくつかの県、山陰地方などには、これが必要だったとは思えません。一方、欧米では想像を超えるような死亡者が出ています。本当にロックダウンの効果があったのか、検証しなければなりません。

スウェーデンのように、集団免疫依存で、なにもかも自由にしていいとは思っていません。マスクをつけて手洗いをよくし、徹底して三密を防げば、コンサートも野球観戦もできると思います。しばらくの間は、ロックコンサートで声を上げるのは控えなければならないし、サッカー場などでも観客数を減らし、拍手や足踏みで選手の好プレーに応える。そんな新しい習慣が必要かもしれません。

コロナとの闘いは長期戦になります。心が壊れないように、どう上手に楽しむかをみんなが意識することが大事です。コンサートや舞台でクラスターが発生したときには、すぐにＰＣＲ検査が無料で行われるようにし、再発をさせないためにはどういう工夫が必要なのかを、できるだけ科学的に考えていく必要があります。

かなり悪辣なウイルスです。そのウイルスに負けないためには、こちらも改善のレベルを上げていくことが大事だと思います。

ウイルスに感染しないように最大限の注意を払い、公園に散歩に出かけるし、たまには外にテーブルや椅子が置かれているレストランで食事もするといった「緩いけれど、正しい、理にかなった自粛」生活をするほうが長続きするので、かえって感染爆発を防ぐ手だてになるかもしれません。

「新しい人間」になる

「密閉」「密接」「密集」の三密を避けるのは大事です。でも密着がなければ人間同士の距離は心身ともに縮まらない。僕は密着にこだわっています。密着がなければ、恋だって生まれません。

恋がなければ人生はつまらない……。コロナの時代に、どうしたら若者たちは、安全な「三密」ができるのかと考えています。若者たちが恋や、結婚しなくなってコロナ後の世界で子どもの数が激減するのは心配なことです。

大事なのは「善悪」を探すことではなく、〝無理せずに、感染爆発をさせない〟生活を続けることではないでしょうか。ウィズコロナのときから上手に人生を楽しみながら、ビヨンドコロナ、コロナを超えて「新しい人間」になっていくこと。

大きな災害がやってきても、さらに新しい未知のウイルスに襲われても、柔軟に耐えられる新しい人間になりたいと思います。

僕たちの国は罰則規定もない自粛要請で、一度はまああの結果を生み出しました。とても素晴らしいことです。でもそれで新型コロナに勝ったと思わず、第2波、第3波が来ても、僕たちはコロナを超えてみんなにストレスを与える社会ではなく、お互いの自由を守りながら、壁を乗り越えていける社会を作っていきたいですね。

価値観が変わる時代
「世界一貧しい大統領」の貧しくない生き方

新型コロナウイルス感染拡大に伴う緊急事態宣言で映画館の休業が相次ぎ、公開中の作品は上映がストップ。公開予定の作品も軒並み延期や中止になりました。でも、映画配給会社の中には、公開途中で上映中止になった作品をネット配信に切り替えるという会社もありました。

「世界でいちばん貧しい大統領 愛と闘争の男、ホセ・ムヒカ」という作品も、その一つ。ホセ・ムヒカは、南米ウルグアイの大統領だった人です。権力を手にしても驕らずに清貧な生き方を貫きました。そんな彼の姿を描いたこの作品は、コロナ後を見据えて人々が新しい生き方を模索するために参考になる作品だと思います。

「世界でいちばん貧しい大統領」

ムヒカについては『世界でいちばん貧しい大統領のスピーチ』（汐文社）という書籍も出版されています。彼は反政府ゲリラの闘士から大統領になった波乱万丈の人生のもち主で、軍事政権によって投獄され長い監獄暮らしを経験しました。それを彼は、こう語るのです。

「すべてはあの孤独な年月のおかげ。あの過酷な環境がなかったらいまの私はいない。人は好事や成功よりも苦痛や逆境から多くを学ぶものだ」

「孤独な年月」はオンコロナの時期と共通するはずです。

彼の名を一躍有名にしたのは、２０１２年にブラジルのリオデジャネイロで開かれた「国連・持続可能な開発会議」でのスピーチです。そこで彼は〝人間の欲望に基づく〟大量生産・大量消費のシステムが環境を破壊し、人類を危機に追いやっていると発言し、未来に向かっての行動を呼び掛けたのです。この声はまたたく間に世界へと拡がり、彼はノーベル平和賞候補にもなりました。

ムヒカは大統領になってからも、農場に建つ平屋の一軒家に住み続けました。質素ですが、緑に包まれ居心地がよさそうです。奥さんも彼と一緒に反政府活動に従事した経験のもち主です。収入のほとんどを寄付に回し、大統領職のかたわら農業に励みます。暮らしぶりは実に質素で、だから「世界でいちばん貧しい大統領」と呼ばれたのです。

ビヨンドコロナの新しい価値観を築こう

大統領という立場でいながら、式典に出席するときも、ローマ教皇やアメリカのオバマ大統領に会うときもネクタイなどは締めません。どこに行くのもトレードマークの青い小さな旧式のフォルクスワーゲンで向かいます。こうした姿勢は、「庶民の選挙で選ばれた人間は特別な存在になってはいけない。庶民と同じように暮らし、同じような視線で世界を見るべきだ」という彼の信念があるからです。彼は、こうも語ります。

「文化が変わらなければ真の変化は起こらない。文化的問題の改善は、物質的な問題より重要だ。世界には資本主義をもてあそんで富を得る一部の人間と、それ以外の人間がいる。でも私は第三の道として、資本主義では解決しない別の道を探す」

２０１２年の「経済の発展が必ずしも人類の幸福に結びついていない」という彼の発言は意義深いものでしたが、まだ一部の人たちの共感を得るだけでした。しかしいま、新型コロナウイルスの感染拡大で、世界を席巻していた「グローバル経済」に疑問符がつきました。彼の言葉の正しさが証明されるかもしれません。経済を回すことは大事だけど、いままでのように「欲望を優先することはやめよう」と、世界が考え始めています。

では今後、世界の人々がどう生きていくか。ビヨンドコロナを生きるために、どんなふうに「文化」を変えていくか。「人は苦痛や逆境から多くを学ぶ」という言葉の意味を、それぞれの国家で、それぞれの人たちが噛み締める時代が来ているようです。「モノ・カネ」から「ココロ・ブンカ」を大事にする時代がやってきます。きっと。

「勇気」の再武装をしよう
揺るぎない目標を築き、ぶれない姿勢を支える

「技能オリンピック」という大会があります。正式には「国際技能競技大会」といい、2年に一度、世界中の技術者が技能の優劣を競うものです。「技術」や「技能」はかつて日本の独壇場。「技術大国」が、日本の発展を支えてきたといっても過言ではありません。

お家芸崩壊

ところが2019年の大会では、日本は金メダル獲得数2個で世界7位。1位は中国で16個、2位ロシアは14個、3位は韓国で7個でした。

また、1章でも述べましたが、2020年度「世界競争力ランキング」では日本

は34位。過去最低の順位です。

大きく水を開けられてしまった原因は、かつて優秀な技術者を抱えてきた中小企業が、「ものづくり」の活力を失ってしまったからです。その原因は、熟練技術者の高齢化や、機械化の進展で技術の継承ができにくくなったこともありますが、産業構造の変化と不況という要素が大きいのです。

製造業だけではありません。建設業も同様です。公共事業の縮小で、特に地方の中堅建設会社は青息吐息。〝オリンピック需要〟で息をついていましたが、コロナ後は将来を見通せない状態です。

倒産寸前で決断した「完全撤退」

少し前ですが、そんな建設業界に〝見切り〟をつけた会社がありました。鳥取県に本社を置く（株）ニシウラは、格付けAランクの建設会社でしたが、倒産の危機に瀕し、思い切って建設業から完全に撤退。福祉用具関連事業に業態転換をしてしまったのです。現社長は自ら排泄ケアについて学ぶために「おむつフィッター1級」の資格まで取りました。そして介護住宅のリフォームを手始めに、さまざまな介護用品の開発に取り組んだのです。

中でも秀逸なのが「ヨッコイショテーブル」。車いすに取り付けるテーブルで、取り外しが簡単。これまでは車いすとテーブルの高さが合いませんでしたが、この新テーブルで、食事の介助を受けていた人が肘をついて上半身を安定させられるようになり、自分でスプーンを手に食事ができるのです。僕も試しに座ってみましたが、とても楽ちんの〝優れモノ〟でした。

実は僕は、このことを新聞連載で紹介したのですが、先日、久しぶりに社長から手紙をもらいました。そこには、同社が鳥取県経営革新大賞を獲得したと書かれていました。いま同社の収入は、建設業時代をはるかに上回っているそうです。

「見直す勇気」と「殻を破る勇気」

この(株)ニシウラは、建設不況というピンチを逆手にとって、業態転換でチャンスを拡げた例。こうした形で従来の殻を破った同社に拍手を贈りたいと思います。

でも企業は、利益を上げて従業員の雇用を守らなければなりません。それまでの〝飯のタネ〟を完全に捨ててしまうなんて、さぞかし勇気がいったでしょう。

「損切り」という言葉があります。損を覚悟で撤退することですが、「もはや時代に合わない」と思ったら損切りする覚悟も必要です。また、企業は利益追求の一方で、社会のニーズに応えるのも大事な責務です。そこでリーダーは「見直す勇気」と「殻を破る勇気」が求められます。旧態依然とした人間関係や業界の慣習を見直し、新天地を目指す必要があるのです。

一人ひとりが自分の人生をもう一度、振り返ってください。ウィズコロナのこの時代はチャンスなのです。

「新しい組織」「新しい人生」「新しい人間」……いま変わるチャンスがやってきています。いまこそ勇気の振るい時です。

コロナ以前の生き方に戻る必要はないのです。とんでもなく混沌とした大変な時代が近づいています。だから、変わるチャンスなのです。ぜひ、勇気を再武装してください。新しい人生が待っていると思います。

自分で自分の人生を決めよう
存在理由が「新しい人間」を作る

いくつもの重度障害が重なっていたヘレン・ケラーが、彼女の母親から「ある日本人をお手本にしなさい」と言われました。塙保己一《はなわほきいち》です。盲目を嘆かず、人のために全力で働いた人だと教えられました。

「存在理由（レーゾンデトゥール）」をもつ

塙保己一は7歳のときに病気がもとで失明しました。彼を支えてくれた母は、彼が12歳のときに亡くなりました。生きていくために江戸に出て、針や按摩などの手ほどきを受けましたが、一向に身に付きませんでした。一度、命を絶とうとしましたが思いとどまり、学問に打ち込みました。

目が見えない保己一は、視覚以外の情報をすべて記憶するということを行いました。彼の編纂した『群書類従《ぐんしょるいじゅう》』は、現代の研究者たちにも活用されています。その資料は667冊にもおよんでいます。彼はハンディを乗り越えて成功しました。

「総検校《そうけんぎょう》や正四位《しょう》などの高い位についたのは、いまの世や後の世で役立つため」と述べています。彼の存在理由です。それをもつことができれば「新しい人間」になりやすい。一度、「自分はなんのために生きているのか」を考えてみるといいですね。

また彼は、小さなことで怒るようでは大きな仕事はできないと、生涯にわたって怒らないことを実践しました。ハンディがあっても人間は壁を崩せます。

僕も保己一をお手本にしていますが、ときどき怒りが爆発してしまうことがあります。でもそんなときでも、小さく抑えるように努力しています。保己一にとっては〝自分で自分の人生を決めたこと〟がとても大切だったと思います。

自分でやりたいことを決める

数年前の夏、僕はスピルバーグ総指揮の「ジュラシックワールド」と、トム・クルーズ主演の「ミッション：インポッシブル」を見ましたが、この2人は「失読症」という文字を読むことができない発達障害。トム・クルーズは幼い頃いじめられて、何度も転校を繰り返したそうです。また俳優になってもシナリオが読めないので、耳で聞いてセリフを覚えました。スピルバーグは字が読めないからこそ、想像を超えるような素晴らしい立体映像を頭の中で組み立てることができるのです。

この2人の生き方は「どんなにハンディがあっても、どんなに壁にぶつかっても、諦めない限り必ず道は開ける」ことを教えてくれます。

苦しくても好きなことをする

漫画家の手塚治虫さんをご存じでしょう。大阪大学の医学部を卒業した医師でありながら、漫画家の道を選びました。いまのように、漫画がサブカルチャーとして力をもち評価される時代ではありません。貸本屋さんで貸し出す漫画雑誌に細々と連載を続けるだけで将来の展望もない。でも彼は、安定した医師の職を捨て苦しい道を歩むことにしたのです。手塚さんはやがて、『リボンの騎士』などで一世を風靡していきます。でも決して順風満帆だったわけではありません。１９６０年代、劇画ブームが訪れると、自分自身にデッサンの基礎がないことに打ちのめされてしまいます。そこで来る日も来る日もデッサンの練習をし、その努力が『ブラックジャック』などの傑作に繋がっていくのです。

手塚さんはどんなに忙しいときでも、仕事の依頼を断らないので有名でした。なぜ、何日も徹夜で、ひたすら描き続ける過酷な生活に耐えられたのか。それは手塚さんが、自分で自分の人生を決めたからです。たとえ成功してもしなくても、あるいは、つらい生活が待っていても、自分が納得すれば人間はそれを苦にしないものなのです。

手塚さんの存在理由は「漫画で人々の心をつかみ、喜ばせること」だったように思います。自分で人生を決め、自分の存在理由をもっている人は、アフターコロナの時代でも負けない生き方ができるはずです。

手塚さんは、安定した医師の生活を捨て、「新しい人間」になろうとしたのではないかと思います。コロナ後、大変な時代がやってくるでしょう。だからこそ誰もが「新しい人間」になれるチャンスが到来しているのだと思います。

僕はたまに、医師でなく「もし映画監督を選んでいたら」と考えます

昔、ある雑誌の連載で「夫が転職したいと言い出した。家族もあり、生活の安定を投げ出すのは不安です。どうすればいいでしょうか」という相談を受けました。

僕は、「人間にとって大切なのは『夢』。でもその夢をなくしていく人が増えています。それに比べ、あなたの御主人はその夢に向かって邁進している。かっこいい人です」と答えました。そして、「家族でじっくり話し合ってはいかがでしょうか」と。

家族でよく話し合い、みんなが納得すれば、どんなに大変なことが起きても全員で助け合うことができます。もちろん、御主人の夢が達成されたときに、家族全員で分かち合う幸福はなにものにも代えがたいはずです。

どんな人でも「新しい人間」になるチャンスがあると思っています。人生を変えよ

うとしている間に、人間も変わっていくのではないかと信じて生きてきました。

夢をリアルな生活に活かす

僕は青年の頃、医学部に入るという夢が果たせなかったら、映画監督になろうか、あるいはお寿司屋さんになる、という夢ももっていました。勤め人ではないほうが僕に向いていると考えたのです。お金は一銭もありません。それでは映画も作れないし、店も開けない……でも10年でも20年でも下積みをしてお金を貯め、夢を達成しようと本気で考えていたのです。そういう根性はあると思っていました。

結局、僕は国立大学の医学部に合格し、映画監督やお寿司屋さんにはなりませんでした。でも72歳のいまでも、どこかにその夢の残滓《ざんし》があります。もし僕がその道を選んでいたら……と、昔の夢が頭をもたげてくるのです。

冒頭の人生相談の人のように、転職という選択を考えるのはとても勇気が必要で格好いいです。でも、そんな勇気はないという人にお勧めなのが、自分がもっている夢の要素を実生活の中で少しだけ、活かしてみることです。

僕は映画監督にはなれませんでしたが、いまも映画が大好きで、年間150本くらいの映画を観ます。自分が監督ならどんな風に撮っただろうと考えながら観ています。それを「鎌田劇場へようこそ!」というブログのコーナーを作って書いてみました。すると視点がおもしろいといって、新聞などの映画を宣伝する広告にコメントをするような仕事が増えました。いまは年間15本くらい新聞にコメントを書くようになりました。映画評論家より多いかもしれません。


もし医学部に入らなかったら、もっとおもしろく生きていたようにも思います。世界中にお寿司のチェーン店を展開したかもしれません。

どんなにガチガチに決まったレールの上を歩んでいるようでも、人間にはまだやり切れていないこと、満足できない気持ちが残っているものです。

お寿司屋さんにもなれませんでしたが、お寿司屋さんやレストランに入ったときには、自分がお寿司屋さんだったら、どんなふうにお客さんを感動させたり、ドキドキ、ウキウキさせたり、満足させたりできるだろうか、などと考えるようにしています。病院経営に携わっていた時期、そんなことを実践しているうちにお客さんの目で見ることが身についたためか、患者さんの目でものを見ることができるようになりました。病院の経営者としても、自分の夢が役に立ったように思います。

ウィズコロナの間に、人生が大きく変わってしまう人が多くいると思います。夢半ばで仕事を失った人のつらさはどれほどのものでしょうか。でも、どうか絶望しないでください。状況はつらくとも、夢をもっている限り人間にはさまざまな可能性があります。

「夢を潰された」という人も多いでしょう。でも、少しだけ立ち止まって考えてほしいのです。僕が映画監督やお寿司屋さんになりたかったように、あなたにもほかになりたかった夢はありませんか？ それを思い出して、少しでも前を向く力に、どうか変えていっていただければと願います。

おわりに

価値観の大転換が、ビヨンドコロナには起きてくると思って、この本を書いてきました。ソーシャルディスタンスという考え方が社会に拡がりました。単に、体と体が2メートル離れていればいいと思っているうちに、離れて生活することに対し抵抗感がなくなり、大都会に向かっていた人の流れが地方に向かうのではないかと考えています。

離れていた時間が長い分、人は人を恋しくなる。アフターコロナで大切なのは、愛や恋、慈しみ、触れ合いたい、抱き締めたい、などという「愛の海」が拡がることのような気がしています。

自粛生活で買い物に行けなかった結果、買い物の回数が少なくてもなんとか生きていく「もったいない生活」が身についてきました。教育や医療や介護、行政などの社会的共通資本の大切さがわかりました、生きていくうえで大切なインフラの重要性も明確になってきました。そういうものを大事にしながら、「いらないものはいらない」という価値の大転換が行われ、モノから心へ、大きな変化を遂げていくと思います。

命と経済だけでなく、心も加えた三つのバランスが大事と考えながら、心の問題、生き方の問題を、できるだけ具体的に取り上げて一冊の本にしようとしてきました。清流出版の編集者で、長いお付き合いをしてきた古満温さんに、熱い応援をしてもらいました。同じように長い付き合いの竹石健さんに、文章を綺麗に整えてもらいました。

自粛生活の中で、毎週、3人でZOOMによる編集会議を開きながら、どこにも行けない時期、3人で顔を合わせて本書の方向性を決めていきました。つらいけれど楽しい時間でした。3人の力が合わさって、このような一冊の本になりました。

コロナ時代をどう乗り越えていったらいいのか、本書が一つの道しるべになれば幸いです。

2020年秋

鎌田　實

鎌田 實（かまた・みのる）

1948年、東京生まれ。医師・作家・諏訪中央病院名誉院長。東京医科歯科大学医学部卒業。1988年に諏訪中央病院院長、2005年より名誉院長に就任。地域一体型の医療に携わり、長野県を健康長寿県に導いた。日本チェルノブイリ連帯基金理事長、日本・イラク・メディカルネット代表。06年、読売国際協力賞、11年、日本放送協会放送文化賞を受賞。著書多数。近著に『1%の力』（河出書房新社）、『遊行を生きる』（清流出版）、『鎌田式「スクワット」と「かかと落とし」』（集英社）などがある。

それでも、幸せになれる
「価値大転換時代」の乗りこえ方

2020年9月24日　初版第1刷発行

著者　鎌田 實

発行者　松原淑子
発行所　清流出版株式会社
東京都千代田区神田神保町3-7-1 〒101-0051
電話　03(3288)5405
ホームページ　http://www.seiryupub.co.jp/
編集担当　古満 温

印刷・製本　シナノパブリッシングプレス

乱丁・落丁本はお取替えします。
ISBN 978-4-86029-497-7